CANZONI DEL CUORE

MEMORIE DELL'OLOCAUSTO

BARBARA GILFORD

ISBN 9789493056718 (ebook)

ISBN 9789493056701 (tascabile)

Editore: Amsterdam Publishers, Paesi Bassi

Autore: Barbara Gilford

Traduzione dall'inglese: Jessica Nanni e Gioia Brogioni

Correttore di bozze: Ludovica Gioacchini

info@amsterdampublishers.com

Copyright © Barbara Gilford, 2020

Foto di copertina: Clara Buchsbaum, Gretl Buchsbaum-Spitzer e Zuzana Spitzer

Tutti i diritti riservati. Nessuna parte di questa pubblicazione può essere riprodotta o trasmessa in alcuna forma e attraverso alcun metodo, elettronico o meccanico, incluso fotocopiare, registrare o qualsiasi altro metodo di archiviazione e recupero delle informazioni.

"Ci sono stelle lassù in alto" di Hana Senesh, tradotto da Rabbi Daniel Freelander Cantor, libero professionista, e Jeff Klepper, cantante da *Mishkan T'filah: A Reform Siddur.* Con il permesso di © 2007 Central Conference of American Rabbis. Tutti i diritti riservati.

INDICE

Raccomandazioni — ix
Introduzione — xiii
Prologo — xvii

1. Gli inizi (1900-1939) — 1
2. Invasione (1939) — 17
3. Fuga (1939-1941) — 24
4. Separazione (1939-1944) — 35
5. Guerre private (1952-1996) — 55
6. Kaddish — 86
7. San Donato Val di Comino — 100
   Epilogo — 123

Appendici — 127
Sull'autrice — 143
Riconoscimenti — 145

"Esiste una passione del ricordare che non è meno possente né meno invadente dell'amore. Ricordarsi, cosa significa? Vivere in più di un mondo, impedire al passato di spegnersi, invocare l'avvenire per illuminarlo."

Elie Wiesel
Tutti i fiumi vanno al mare. Memorie

Per David e Andrew

Asher e Elia

e tutti coloro che seguiranno

e nel ricordo amorevole di mio padre

che mi ha trasmesso questa eredità.

RACCOMANDAZIONI

Ho avuto la fortuna di poter leggere il libro di Gilford *Canzoni del Cuore* prima della sua pubblicazione. È un'opera ispirata da profondo amore e devozione, di buona scrittura e ricca di testimonianze storiche che rievocano il vivace milieu culturale della borghesia Morava, prima della guerra e della Shoah.

Mi ha molto colpito il desiderio ardente dell'Autrice di ricongiungersi con quella parte delle sue radici che non poté mai incontrare direttamente, in particolare con la nonna paterna *Oma Clara*. Tale personaggio spicca come figura grandissima, che rimane salda anche quando è costretta a confrontarsi con la crudeltà e l'orrore. Una Mamma che dona tutta sé stessa, eterna nutrice perfino delle generazioni a venire, il cui immenso amore per il figlio si propaga attraverso misteriosi canali fino all'Autrice, alla sua famiglia e ai suoi discendenti. Citando Gilford (p. 67) "I bambini inalano le informazioni, diventando così esperti meteorologi, capaci di percepire la temperatura emotiva degli adulti intorno a loro", come quando a lei stessa avveniva di, "schiacciare la mia guancia sulla giacca di lana della sua [=del padre] uniforme e inalarne il profumo".

Anche il sottoscritto è un ebreo della seconda generazione dopo la Shoah che ha scritto un libro in parte immaginario sulla propria famiglia. I miei nonni ebbero la fortuna di sfuggire ai lager nazisti, ma patirono le gravi conseguenze della persecuzione fascista. Così, leggendo il libro, ho potuto seguire esattamente il fondersi e mescolarsi della fantasia desiderante dell'Autrice con i sentimenti reali che dalla sua famiglia le furono trasmessi fin dal giorno della sua nascita (e forse anche prima) e vennero da lei assimilati con il latte materno molto tempo prima che potesse venire a conoscenza degli avvenimenti alla loro origine. Anche la forte riluttanza di mio padre a parlare della sua vita, dei sentimenti e delle paure negli anni in cui visse nascosto nella campagna vicino a Bergamo, combacia perfettamente con la narrazione di Gilford.

- Ferruccio Osimo, M.D., Milano

* * *

Il libro di Barbara Gilford, *Canzoni del Cuore - Memorie sull'Olocausto*, collega stupendamente la storia di suo padre, sua nonna e dei parenti Buchsbaum con la sua, quella di una bambina cresciuta in una famiglia affetta dall'olocausto. Questa è una storia d'amore e di perdita. Ma è anche una storia di desideri: Gilford vorrebbe abbracciare la famiglia che non ha mai conosciuto; vorrebbe chiedere a suo padre cosa gli avesse suscitato una tale tragedia, che la scrittrice stessa ha scoperto soltanto dopo la sua morte; brama un'identità ebraica positiva; e, soprattutto, vuole raccontare la storia della vita e della determinazione dei suoi parenti. Come conclude nel libro, "Alla fine, le loro vite e i loro esseri unici e individuali non possono essere eclissati dalla tragedia e dalle circostanze della loro morte." Qui, Gilford incarna la santità della Kaddish e il lettore diventa parte della "congregazione" che lo recita con lei.

- Ann Saltzman, Ph.D., Professoressa Emerita di Psicologia, Drew University, e Direttrice Emerita, Centro di Studi sull'Olocausto/Genocidio, Drew University.

* * *

Canzoni del Cuore - Memorie sull'Olocausto, è coinvolgente, impossibile da mettere giù. E' una storia straziante, pungente e piena di suspance sulla famiglia di Barbara Gilford - una famiglia consumata dall'olocausto. Gilford ci fa preoccupare profondamente per il destino di ogni membro della famiglia Buchsbaum. Ti meraviglierai dell'inimmaginabile tenacità della Oma Clara, del suo ottimismo e del suo amore senza confini. *Canzoni del Cuore* illustra quanto cattive decisioni durante l'olocausto si sono rivelate fatali. Inoltre, il libro rende chiaro che intelligenza e previdenza non sempre bastavano per sopravvivere alle SS e alla Gestapo. Era fondamentale avere fortuna. La prosa poetica di Gilford e le sue percezioni psicologiche sui sopravvissuti e le vittime dell'olocausto rendono il volume una lettura coinvolgente. Una volta finito di leggere *Canzoni del Cuore - Memorie sull'Olocausto*, il tuo cuore addolorato vorrebbe unirsi a Gilford nel compiangere la perdita di una famiglia che non ha mai potuto conoscere. Possiamo tutti noi, come Barbara, "portare i Buchsbaum da Ostrava" con noi.

- Rabbi Stuart Gershon, D.D., Emerito Rabbino, Tempio Sinai, Summit, NJ

* * *

Che unica e coinvolgente storia, Barbara Gilford ha aggiunto al tanto necessario canone dei memoriali sull'olocausto? Iniziando con la scoperta di alcune lettere, ci porta con sé in un viaggio pieno di tragedie e trionfi familiari avvenuti durante i giorni più oscuri della storia umana. Alla fine scoprirà il potere redentore dell'amore, della fede e della memoria.

- Ken Shuldman, Autore di Jazz Survivor, The Story of Louis Bannet, Horn Player of Auschwitz

* * *

Quando gli amici immaginari di una figlia unica comprendono la cugina, Zuzana (Susi), e sua nonna, Oma Clara, entrambe mai conosciute e perse durante l'Olocausto, si capisce che si sta per leggere una storia sincera e vera. Ma non solo. Questa storia è molto, molto di più. Questa storia canta perchè è scritta da una scrittrice straordinaria, una giornalista appassionata di ricerca, un'artista con una passione per la vita e una psichiatra che brama di conoscere i segreti del cuore. *Canzoni del Cuore* ci porta in un'odissea attraverso l'infanzia dell'autrice, le lettere di sua nonna e gli sforzi monumentali di suo padre per salvare la sua stessa madre, per tessere insieme tre generazioni la cui eredità trascende le morti tragiche. *Canzoni del Cuore* è pieno di desiderio, perdita e lutto, sì, ma anche di amore indistruttibile.

- Nancy S. Gorrell, Autrice, Insegnante di Inglese, Direttrice dell' Holocaust Memorial and Education Center of the Shimon and Sara Birnbaum JCC of Bridgewater (SSBJCC), New Jersey.

INTRODUZIONE

Morristown, New Jersey

Autunno 2014

Non ero alla ricerca di alcun tesoro quando, in un impeto di riordino, ho sollevato un blocco di grandi libri dall'ultimo scaffale di un'antica libreria blu nel mio studio. Questi libri erano stati ignorati e abbandonati alla polvere per quasi vent'anni, dopo averli spostati dall'ultima casa dei miei genitori. Eppure, sono rimasti lì come sentinelle sopra un'eredità sconosciuta e senza prezzo. Fra un atlante e un libro sulla storia ebraica, scoprii un fascicolo con delle cinghie in pelle disintegrate e fibbie corrose. A mantenere tutto assieme un nastro rosa sfilacciato.

Il fascicolo conteneva lettere che la madre di mio padre, mia nonna Clara, indirizzò a suo figlio fra il 1939 e il 1941. Conoscevo quel poco di tedesco che mi ha permesso di capire che quelle lettere riguardavano alcuni dei misteriosi anni della coraggiosa, e inevitabilmente tragica, storia di mia nonna e le sue nostalgiche parole d'amore per mio padre. Ho dovuto raccogliere tutta la mia forza per non stringere le lettere al petto e lasciare le lacrime scorrere sugli ultimi scritti di mia nonna. Avrei voluto consumare le sue parole e lasciarmi seppellire in tutto quel tempo mancato.

Come molti ebrei, mia nonna lasciò la sua casa per sfuggire all'occupazione nazista. Sebbene fossi a conoscenza della fine della sua storia, non ho mai saputo cosa accadde dopo che lei nel 1939 partì da Ostrava, Cecoslovacchia, ad eccezione di una piccola informazione: "Fuggì in Italia". Le lettere terminano a dicembre del 1941 quando gli Stati Uniti entrarono nella Seconda Guerra Mondiale. Precedentemente, ho avuto modo di conoscere Clara solamente attraverso delle fotografie e i racconti di mio padre. Con la scoperta di queste lettere ho potuto aggiungere la sua amorevole voce alla storia di famiglia che mio padre scrisse negli anni '70.

Se credessi nel destino, direi che queste lettere mi hanno aspettata per tutta la vita. Si sono mostrate a me solamente una volta arrivata sull'orlo della pensione dalla mia carriera da psicoterapeuta. Hanno aspettato finché non fossi abbastanza matura per apprezzarle. Nel momento esatto in cui ho preso il raccoglitore fra le mani ho sentito un intimo e storico imperativo di dover trascrivere la storia della mia Oma Clara durante quegli anni oscuri.

Immediatamente dopo la mia scoperta, ho realizzato il mio bisogno di un traduttore. Ho capito che le lettere non coprivano soltanto la storia di mia nonna ma anche quelle del mio prozio Norbert, di mia zia Gretl e di mio zio Hugo Spitzer. Hugo e Norbert scrissero in quantità. Anche la figlia di Gretl e Hugo, mia cugina di primo grado Zuzana (Susi), aggiunse delle note allo scritto di mio padre sotto la firma di sua madre. Il fascicolo, inoltre, comprende documenti ufficiali e il curioso nome di una località: San Donato Val di Comino. L'indice del mio logoro atlante non contiene questo posto.

Ho contattato allora, il dipartimento di lingua tedesca di due università locali per trovare un traduttore. Nessuna delle due però rispose. Quindi mi sono rivolta ad un istituto di New York che colleziona ed archivia informazioni sugli ebrei di lingua tedesca dove, alla mia richiesta, si sono dimostrati fin troppo entusiasti. "Sì, sì, tradurremo certamente le sue lettere", mi dissero, "ma vorremmo gli scritti originali per la nostra collezione. Ci dispiace ma no, non possiamo concedere alcuna eccezione alle nostre normative."

Poi, una chiamata miracolosa da una mia vecchia collega ha risolto il mio dilemma. Kerstin White, un'amica da un circolo di scrittura, è tedesca per nascita ed educazione, una terapista junghiana, scrittrice e poetessa. Voleva che le subaffittassi il mio ufficio ma dopo essersi resa conto che quello spazio era troppo piccolo per le sue esigenze, venne a trovarmi a casa per un tè. In quell'occasione si è offerta di tradurre le lettere.

La minuta e precisa grafia delle lettere di mia nonna, scritte su sottili fazzoletti non hanno scoraggiato Kerstin e così non lo ha fatto neanche il loro numero, cinquantasette in tutto. Non ho esitato neanche per un momento nel consegnarle gli originali. Mi sono subito fidata della sua conoscenza della parola scritta e ancor di più, della sua gentilezza, sensibilità e del grande rispetto che ha dimostrato per le lettere.

Dopo qualche giorno mi ha chiesto delle indicazioni. "Barbara, devi prendere una decisione", mi ha detto. "Posso tradurle alla lettera, esattamente come sono state scritte ma percepisco la tua incertezza e una certa tensione."

"Kerstin, mi affido al tuo giudizio," le ho risposto. "Traduci le lettere come credi che mia nonna volesse che fossero intese."

Non ho mai dubitato della mia decisione e sono stata immensamente ricompensata. Kerstin mi ha restituito la voce di mia nonna, i suoi pensieri e i suoi sentimenti. Mi ha confessato di essersi affezionata alla figura di mia nonna traducendo le sue parole.

Le lettere mi hanno condotta in una mia personale odissea attraverso l'Europa e nel cuore di mia nonna, niente che avrei mai potuto immaginare. Mi hanno accompagnato in territori intimi del mio animo in cui continuo a compiangere la perdita di qualcosa che non ho mai veramente avuto.

PROLOGO

San Donato Val di Comino

Agosto 2018

Durante la Seconda Guerra Mondiale, ventotto rifugiati ebrei trovarono riparo presso il villaggio di San Donato Val di Comino, accolti dal governo italiano nella disperata attesa di ricevere i visti per entrare nei Paesi al di là dei confini europei.

Nel mio viaggio verso quel luogo, la pianura lasciava il posto alle colline ad un'ora verso est da Roma. Mentre la nostra automobile scivolava accanto a campi ingialliti e secchi, colorati da papaveri rossi, mi sporgevo in avanti dal mio sedile come se quel gesto potesse accelerare l'andatura della macchina. In lontananza la catena montuosa degli Appennini offriva un panorama di foreste verdi sormontato da picchi di roccia scoscesa.

Le stradine contorte e ciottolose della cittadina la rendevano una fortezza chiusa contro le invasioni. Lì, gli stranieri vissero fra italiani coraggiosi e dotati di una salda integrità morale. Tutte quelle case, quelle strade, quelle persone conservavano storie ed informazioni su mia nonna, Clara Buchsbaum, e su altre ventisette anime.

Avvicinandoci, il pendio verde scuro della montagna si apriva a tetti ricoperti da tegole rosse e case composte da pietre medievali. *Conosco questo posto.* Riemergendo dalla foschia di una vecchia memoria, ho iniziato a ricordare un viaggio con la mia famiglia intrapreso in Italia nel 1954. All'epoca avevo nove anni. Ricordo che mio padre spense la macchina e iniziò a salire su una piccola collina. Il suo sguardo vagava alla ricerca dei contorni delle case di pietra in lontananza. Una profonda tristezza scese su tutti noi. Pensai che il sentimento fosse in qualche modo connesso alla famiglia di mio padre che sapevo fosse morta durante la guerra, sebbene non ancora come.

Rimanemmo lì, gli sguardi su mio padre. Ci sembrò una statua lontana. *Le sue labbra si stanno muovendo?* Pensai allora. *Sta forse recitando la Kaddish per la mia Oma che visse qui durante la guerra? Sta forse piangendo?* Quella vista mi è rimasta impressa nella mente per più di sessant'anni.

Hans, che più tardi anglicizzerà il suo nome in John e diventerà mio padre, riuscì miracolosamente a trovare rifugio in Inghilterra e poi in America. Dopo la guerra, cercò di avere informazioni sul resto della sua famiglia scomparsa, ma quel giorno del 1954 non riuscì ad entrare nella cittadina. Cosa lo bloccò nell'avvicinarsi all'ultimo posto in cui visse sua madre? Temette di sentire tutto il peso della sua perdita? Pensò, forse, che il peso del lutto lo avrebbe distrutto?

Entrando nella cittadina con i miei figli Andrew e David e la moglie di quest'ultimo, Shari, ho sentito il passato e il presente coesistere. Solo pochi minuti dopo eravamo davanti Casa

Gaudiello al numero 5 di Via Orologio. Questa imponente residenza, una volta un hotel, fu l'ultima casa della mia Oma Clara. Fu il posto in cui scrisse quelle lettere piene d'amore per suo figlio in fuga, sua figlia Gretl e sua nipote Susi, bloccate in Ostrava, Cecoslovacchia.

Lì dove sessant'anni fa mio padre tornò indietro, io sono andata avanti. Ricordo di aver appoggiato la guancia contro la pietra della facciata che certamente ha racchiuso lutti ben più antichi del mio. La mia tristezza mi è sembrata familiare e piccola, proprio come me. Ho dovuto premere le mani, una sopra l'altra, sulla mia bocca per trattenere un singhiozzo. *A chi appartiene questo lutto? Sto compiangendo la perdita di una famiglia che non ho neanche mai conosciuto?* Ho avuto la sensazione che le mie lacrime salate potessero sciogliere la pietra e liberare segreti a lungo nascosti. *La pietra ha sospirato o sono stata io?*

In quel momento ho come sentito la pietra contro la mia guancia cedere a una sorta di alchimia, divenendo sia il portale che avrebbe condotto mia nonna alla salvezza, sia la lapide che mai le fu concessa.

Mi trovavo a San Donato con i miei figli alla ricerca di mia nonna e le ultime testimonianze della sua presenza lì - un posto che Clara sperò potesse garantire un rifugio sicuro, nella fresca e pulita aria di montagna, un'oasi in cui avrebbe atteso di ricongiungersi con i suoi preziosi bambini.

1 GLI INIZI (1900-1939)

La città di Ostrava, nella provincia di Moravia, fu il centro geografico della famiglia Buchsbaum dal 1900 al 1939. Fino al 1918 e all'armistizio dopo la Prima Guerra Mondiale, la Cecoslovacchia fu parte dell'Impero Austro-Ungarico; dal 1918, si trasformò in una democrazia in cui il ceco venne scelto come lingua ufficiale.

Mio padre si riferì alla sua città natale come Mährisch Ostrau fino al giorno della sua morte, anche se il nome ceco è Moravská Ostrava. Venivano parlate sia il tedesco che il ceco ma la lingua utilizzata dalla famiglia Buchsbaum era la prima.

Le famiglie Buchsbaum e Babad vissero ad un raggio di un miglio dal centro città e gravitarono nello stesso angolo della Cecoslovacchia per generazioni, forse almeno un centinaio di anni. Il romanticismo e la cultura di due antiche e meravigliose città quali Praga e Vienna, le loro illustri storie, non ebbero la stessa attrazione della familiarità della cittadina natale, sebbene fossero state, negli anni, meta di molte visite e ospitarono i membri delle due famiglie durante sia gli anni universitari che durante i successivi apprendistati. Le uniche eccezioni furono il fratello di Clara, Norbert, che frequentò l'Università di Vienna ed esercitò l'avvocatura nella città fino al 1938, e sua sorella Sidonia, la quale trascorse la sua vita adulta in Romania. Sidi, infatti, era denominata nei discorsi di mio padre come "mia zia in Romania".

Fra i numerosi Buchsbaum, solamente in pochi riuscirono ad emigrare prima della guerra, forse per intraprendenza o magari per fortuna.

Sidonia, Clara e Norbert Babad

Ostrava, Cecoslovacchia

Clara Babad

Il mio bisnonno, Sigmund Babad, fu il discendente di una lunga linea di distinti rabbini, risalente fino al Medioevo. Era dirigente di una grande fabbrica di liquori ma i suoi proventi non bastavano per far fronte alle esigenze della famiglia. Vissero in Bielitz in Silesia, che prima del 1918 era una provincia austriaca. La cittadina, situata oggi a sud della Polonia, era nel punto d'intersezione fra i confini tedeschi, cechi e polacchi. Quando un'importante banca nei pressi di Ostrava offrì un posto di lavoro a Sigmund, questi rifiutò. Era fiducioso che il suo datore di lavoro avrebbe, prima o poi, mantenuto la sua parola nominandolo socio della fabbrica.

Con il fidanzamento della figlia maggiore, Sidonia, Sigmund ottenne un prestito dai suoi parenti utilizzando la meravigliosa collezione di gioielli di sua moglie come garanzia. All'epoca si accontentò di un prestito di gran lunga inferiore al valore dei gioielli, continuando a ripetere uno schema di sfortunate decisioni finanziarie.

Sigmund morì prematuramente di polmonite un mese prima del matrimonio tra Clara e mio nonno. Per altro, il suo datore di lavoro non onorò neanche una delle sue promesse: non dispose alcuna dote per Clara né alcun fondo per l'educazione universitaria di Norbert e nessun supporto finanziario per la vedova, Jeanette Reitmann.

Jeanette, nata da una prominente famiglia austriaca, parlava francese in casa anziché tedesco - un'usanza comune fra l'élite austriaca, stando alle parole di mio padre.

Il nonno di Jeanette, era stato il carrozziere reale per la Corte Imperiale Austriaca e il fornitore di carrozze e slitte per la Corte Imperiale Russa. La sua famiglia era benestante e ben accetta nella società viennese.

La storia della sua famiglia non racconta come Sigmund fu in grado di conquistare una donna di un tale rango sociale. Può darsi che il suo lignaggio di eminenti rabbini lo avesse reso un candidato promettente.

Il fratello di Jeanette, Rudolph Reitmann, divenne medico ed entrò nell'Esercito Imperiale Austriaco, al momento del suo congedo nel 1918 raggiunse il grado di generale maggiore. Precedentemente alla Prima Guerra Mondiale, Rudolph fu il medico personale dell'arciduchessa Zitta di Bourbon-Parma, moglie dell'arciduca Charles d'Asburgo, ultimi imperatore e imperatrice d'Austria (1916-1918). Rudolph fece nascere parte della loro progenie reale.

Ignatz Buchsbaum

Mio nonno, Ignatz Buchsbaum, uno di sei figli, nacque in Krzeszowice, a circa venti miglia a est di Ostrava, dove l'odore pungente del legno fresco appena tagliato avvolge tutt'intorno. Suo padre, Moric (Morris), possedeva una falegnameria. Dopo che Ignatz riuscì a sopravvivere ad un'epidemia di difterite che portò via il fratello maggiore, fu disconosciuto dalla sua stessa madre, Fanny. "Perché tu meriti di vivere e non tuo fratello?", pensò lei presumibilmente, instillando nel figlio minore un radicato senso di inferiorità.

Nella storia della sua famiglia, mio padre scrisse così di Ignatz: "Mio padre crebbe privo di amore, affamato di approvazione e accettazione. Sembrò sempre molto triste. Così, per lo meno, nelle uniche foto della sua infanzia che abbia mai avuto modo di vedere."

Ignatz perse l'udito da un orecchio a causa della difterite e il disprezzo della madre si estese, poi, anche alla sua futura moglie, mia nonna, e a mio padre e sua sorella Gretl. Mentre le altre nipoti ricevettero gioielli di un certo valore in dono per il loro diciottesimo compleanno, a Gretl fu regalato soltanto un modesto braccialetto.

Fu così che Ignatz fu sempre molto timido, introverso e sospettoso delle intenzioni altrui. Dopo il diploma, svolse un apprendistato presso un falegname che lo avrebbe preparato a prendere, a tempo debito, le redini del business paterno. Negatagli la possibilità di proseguire gli studi, Ignatz lasciò, in segreto, il lavoro in falegnameria e, per tre anni, fu un apprendista presso un libraio nella cittadina di Breslau, nei pressi della Germania, lo stesso luogo in cui svolse il precedente apprendistato. Al suo primo lavoro come libraio a Vienna, seguì un anno a Praga, dove si specializzò in testi universitari e opere scolastiche. Nel 1901 inaugurò la propria libreria nella piazza principale in Přívoz, allora una comunità adiacente ad Ostrava.

Due caratteristiche marcarono la cittadina come il sito adatto per una libreria: in quanto importante snodo ferroviario e cittadina mercantile, Přívoz conobbe allora un grande flusso di persone e, soprattutto, un notevole aumento della popolazione. La libreria di mio nonno riuscì a trarre vantaggi da entrambe le attività.

Una storia d'amore

Nel 1904 mio nonno Ignatz e mia nonna Clara si conobbero nella città di Bielitz, vicino i confini, continuamente in cambiamento, fra la Cecoslovacchia e l'odierna Polonia. La storia del loro corteggiamento vecchio stile e poi del loro matrimonio non ha nulla da invidiare alle fiabe, adoravo leggerla da piccola. Sicuramente il mio papà contribuì alla magia. Spesso i suoi racconti familiari iniziavano con "Quando ero bambino…", persino il nome Cecoslovacchia suonava allora come un luogo lontano ed immaginario.

Nella storia della famiglia Buchsbaum che mio padre scrisse negli anni '70, ha descritto sua madre come "una bellissima, giovane ereditiera". Clara fu certamente molto bella ma, data la mal gestione finanziaria del padre, difficilmente un'ereditiera. L'attraente Clara e il povero ma affascinante, amante di libri, Ignatz si conobbero per caso nel collegio femminile frequentato da mia nonna. S'innamorarono. Mio padre l'ha descritto "un amorevole, dolce corteggiamento, alquanto timido". Egli ha scritto:

Mio padre raggiunse la festa di fidanzamento in Bielitz via treno, l'unico mezzo di trasporto adeguato durante una tormenta. A causa della tempesta, il treno ebbe un ritardo di svariate ore e mio padre arrivò in Bielitz nel pieno della notte.

La linea tranviaria era ormai sospesa e non c'era ombra di un taxi (ovviamente all'epoca si trattava di carrozze trainate da cavalli) e per mio padre fu impossibile camminare per un paio di miglia nella neve profonda. Cosa fece? Beh, mia madre mi ha raccontato che egli arrivò, fradicio e congelato, seduto accanto ad un trasportatore di latte nelle prime ore dell'alba. E nonostante le sue condizioni, ciò che entusiasmò mia madre fu il suo meraviglioso completo nuovo, grigio con un gilet ricamato molto chic ed elegante, rosso e giallo.

Due eventi oscurarono il loro matrimonio: la malattia e successiva morte del padre di Clara, il quale fece promettere alla coppia di non rimandare le loro nozze, e le gravi difficoltà economiche della famiglia Babad.

Clara e Ignatz si sposarono il 7 febbraio del 1905 e si trasferirono in un appartamento dall'altra parte della strada della libreria di Ignatz, in Přívoz. La loro primogenita, mia zia Gretl, nacque il 9 febbraio del 1907. Nel 1910 la famiglia si trasferì, ancora, in un nuovo edificio al 173 di Bahnhofstrasse (nella strada della stazione) di fronte ad una signorile piazza, giusto in tempo per la nascita di mio padre, Hans, nel giorno della vigilia di Natale.

173 Nádražní (formalmente Bahnhofstrasse)

La libreria - a poi anche la casa editrice - occupava il piano terra e parte del secondo piano. La famiglia visse su entrambi i piani in un grande appartamento che includeva anche l'ala dei domestici.

Questa cartolina fu stampata dall'editore I. Buchsbaum

Mio padre ha scritto di sua madre:

Lei era senza dubbio fantastica. Si prese cura della sua famiglia e della casa mentre lavorava a tempo pieno nella libreria. Ovviamente, avevamo dei domestici, un modesto numero. Ricordo ancora mia madre andare al mercato ogni mattina, correre avanti e indietro fra l'ufficio e l'appartamento, prendersi cura di noi quando eravamo malati, attenderci al ritorno da scuola, aiutarmi a prendermi cura dei miei animaletti domestici.

Sebbene Clara avvolse la sua famiglia in un abbraccio amorevole e protettivo, fu sempre irremovibile sulle buone maniere di comportamento. Quando il suo prezioso fratello Norbert, un avvocato formato presso l'Università di Vienna, sposò Annie, una donna non ebrea e divorziata già due volte, Clara non provò a nascondere la sua disapprovazione. Mia nonna era convinta che Annie avesse incastrato Norbert con uno stratagemma vecchio quanto la civiltà.

Quando Clara ottenne la licenza da libraia, divenne ufficialmente partner della I. Buchsbaum, una delle principali case editrici di "varia", ovvero libri che non appartengono a nessuna specifica categoria. I volumi erano stampati sia in tedesco che in ceco.

L'inventario comprendeva vari libri sul commercio indirizzati al lavoro da carpentiere, ai lavoratori di metalli e, in generale, a tutte quelle figure impiegate nella costruzione degli edifici; libri sul galateo per migliorare le proprie maniere, corrispondenze e, innovativi per l'epoca, libri sull'apprendimento veloce di lingue straniere. La compagnia, inoltre, pubblicò l'edizione ceca de *Il Matrimonio Perfetto* del medico belga Van der Velde, il libro più famoso sul sesso e sul matrimonio per i lettori tedeschi ante Seconda Guerra Mondiale.

La I. Buchsbaum produceva, poi, periodici come riviste mensili sulla scienza, sugli studi naturalistici e una serie di settimanali per lo studio delle lingue. Sugli scaffali della loro libreria e nel catalogo di ordine per corrispondenza, c'era posto per ogni novità.

Ignatz figurò in una mostra sui prominenti imprenditori della Ostrava anteguerra. La mostra si è tenuta ad Ostrava (CR) nel 2012

Pieno di idee, Ignatz dimostrò l'abilità di anticipare e capitalizzare su ciò che sarebbe potuto divenire popolare, nonché lucrativo. La sua società offriva inoltre giochi educativi per bambini. Fu mio nonno ad introdurre la penna biro con la punta a sfera in Cecoslovacchia.

Ignatz Buchsbaum, nonno dell'autrice

Quando il governo Ceco fondò le librerie nazionali, mio nonno riempì gli scaffali del suo negozio comprando i libri in stock da altri editori nei mercatini dell'usato. Nel frattempo, la sua società si espanse rapidamente. Il repentino successo della I. Buchsbaum andava di pari passo con la crescita di Ostrava. Nonostante il declino economico conseguente all'armistizio del 1918, mio nonno continuava ad indovinare quel che i consumatori avrebbero desiderato prima ancora di realizzarlo loro stessi.

Con suo grande imbarazzo, Ignatz non imparò mai a guidare e conosceva a malapena l'ebraico. Per partecipare ai servizi della sua sinagoga, istruì il suo autista perché lo lasciasse a pochi isolati dall'entrata dell'edificio. Fu un uomo modesto che fuggiva il pretensioso. Nel tempio temeva il momento in cui veniva chiamato al *bimah* per recitare una preghiera o per leggere dalla *Torah*.

La fine della Prima Guerra Mondiale vide la città ampliarsi, incorporando gradualmente le periferie e i distretti adiacenti ad essa. Anche Přívoz, la città mercantile, e Vítkovice, il famoso centro di produzione del metallo, furono assorbiti. Si formò, così, una fiorente cittadinanza imprenditoriale. Alla crescita di una solida classe media, si aggiunse quella culturale grazie all'arrivo di pittori, scrittori, musicisti e compagnie teatrali.

Crebbero entrambe la popolazione generale e quella ebraica: nel 1938 Ostrava contava otto sinagoghe per i sette/ottomila ebrei che accoglieva - su un totale di duecentocinquantamila abitanti. Al tempo l'intera popolazione della Cecoslovacchia era di quasi dieci milioni di abitanti.

Mappa della Cecoslovacchia

Gretl e Hans furono istruiti a casa da una governante fino all'età di circa dieci anni; in seguito frequentarono le scuole pubbliche. Dopo il diploma, Gretl studiò in un collegio femminile, un tipo di educazione riservata alle ragazze provenienti da famiglie facoltose incentrata sulla gestione della casa e sull'intrattenimento, qualità che le avrebbero rese appetibili agli ambiziosi uomini di successo che un giorno avrebbero sposato.

Gli anni fra la nascita di Gretl, 1907, e quella di mio padre, 1910, fino all'invasione tedesca della Cecoslovacchia, marzo 1939, furono prosperosi e felici per la famiglia. Mio padre era, letteralmente, il principale motivo di gioia per sua madre, un figlio d'oro che la deliziava con qualsiasi sua parola o attività. Ben presto, mio padre sviluppò un forte interesse per il mondo naturale, collezionando lucertole e altri anfibi in un terrario da lui stesso costruito.

Più tardi la sua curiosità si indirizzò verso la chimica. Ignatz costruì un piccolo laboratorio nella camera da letto del figlio. I suoi esperimenti sfociarono, inevitabilmente, in una piccola esplosione, ma questo non impedì ad Ignatz di sviluppare una linea di kit di strumenti chimici per bambini chiamata "Il Piccolo Chimico".

Hans e il suo leone, circa 1912

Dagli scritti sulla famiglia emerge spesso il desiderio di Hans per un padre maggiormente presente. Ignatz dedicò gran parte del suo tempo ai suoi figli durante la loro infanzia, ridendo e scherzando con loro o leggendogli storie e giocando. Quando mio padre mi cantava "Oh mio piccolo orsetto" rimboccandomi le coperte, era come se mi stesse tramandando quella stessa tenerezza proveniente dal padre durante la sua infanzia.

Col passare del tempo, però, Ignatz fu sempre meno presente e più concentrato sulla sua attività da libraio. Mio padre lamentava che "il signor Latzin (il padre di un compagno di scuola) gioca sempre con noi e ci mostra nuovi esperimenti chimici", al che Ignatz usava rispondere "il signor Latzin ha un lavoro che lo paga regolarmente e non ha alcuna preoccupazione fuori dagli orari lavorativi mentre io sto cercando di costruire un solido futuro per voi ed è un pensiero che occupa tutto il mio tempo."

Tuttavia, nella storia della sua famiglia, mio padre ricorda un evento, risalente agli anni della scuola superiore, che mostra tutto l'amore e l'empatia che Ignatz provava per il figlio.

Una sera mio padre si accorse che ero particolarmente triste. Gli dissi che ero spaventato perché un ragazzino più grosso e più forte di me, più grande di due anni, aveva minacciato di picchiarmi il giorno dopo a scuola. Quando uscii dalla mia classe all'ora di pranzo, mio padre mi stava aspettando sulla soglia della porta, aveva un pesante bastone fra le mani per proteggermi dal bullo. Ricordo ancora la sensazione di protezione e amore che d'improvviso mi avvolse quel giorno.

La devozione di Clara era assoluta. Il suo istinto protettivo la trasformava in una leonessa. Un giorno, tornando da un giro di compere, notò che un orecchio di mio padre era stranamente arrossato così ne chiese il motivo.

"Sono stato cattivo e la signora mi ha tirato l'orecchio", spiegò lui. Mia nonna non esitò a licenziare la balia.

Ignatz e Clara Buchsbaum

La domenica i Buchsbaum prendevano il treno verso la campagna per delle passeggiate e il caffè pomeridiano oppure prestavano visita ai parenti di mio padre in Krzeszowice.

Sembrava che l'universo avesse coperto la famiglia Buchsbaum di polvere fatata. Essendo nato così presto nel ventesimo secolo, era come se mio padre portasse nelle sue cellule il romanticismo dell'Impero Austro-Ungarico del diciannovesimo secolo. Durante i nostri viaggi nell'Europa centrale, sapeva sempre quale hotel o caffetteria scegliere. A Vienna era la Centrale oppure il Mozart Café, parte dell'Hotel Sacher, famoso per l'omonimo dolce. A Berlino, invece, l'Hotel Kempinski era *de rigueur* e, certamente, il Kranzler per il caffè del pomeriggio. Le pastarelle che l'accompagnavano erano d'obbligo.

I residenti ebrei in Moravia parlavano soprattutto il tedesco. I miei nonni, però, si assicurarono che i loro figli frequentassero scuole sia tedesche che ceche così da diventare bilingue.

Il legame fra mio padre e sua madre, forgiato sin dal momento della sua nascita, rimase saldo e inviolato fino alla morte di Clara. Mio padre parlava spesso dell'amore incondizionato e del supporto sempre ricevuto dalla madre e di come lui, forse proprio per essere stato tanto viziato, divenne un adolescente pigro e ribelle, soprattutto nello studio. Preferì partecipare a competizioni sciistiche ed eventi simili presso la Maccabi Olympics, un'organizzazione sportiva ebraica.

Mio padre fu bocciato in greco al liceo così i suoi genitori dovettero assumere un tutor che potesse aiutarlo ad ottenere l'*Abitur*, un diploma necessario per accedere all'università. Una volta stabilitosi in un dormitorio studentesco nei pressi della Charles University di Praga, intraprese gli studi in giurisprudenza, come suo zio Norbert. Quest'ultimo si dimostrò un impeccabile studente, nonostante il rimpianto di non aver seguito gli studi in medicina. Mio nonno spinse mio padre verso la giurisprudenza, convinto che lo avrebbe preparato al meglio per gestire, un giorno, la casa editrice.

John Buchsbaum

Mi padre crebbe; alla Charles University, per la prima volta in vita sua, subì dell'antisemitismo e per questo motivo partecipò anche ad un duello di spade; a segnarne il ricordo, una cicatrice che aveva dietro la testa, mi ha sempre assicurato che fu lui a vincere. Durante gli anni universitari, si unì ad una confraternita sionista in cui coltivò amicizie per la vita.

Dedicandosi con impegno ai suoi studi, mio padre divenne Dottore con una laurea in Giurisprudenza. Ignatz fu talmente orgoglioso del figlio che gli comprò una macchina sportiva come regalo. Mio padre completò il servizio militare obbligatorio come cavaliere ufficiale nell'esercito ceco dal 1934 al 1936 e finalmente si unì all'attività di famiglia.

Dopodiché accadde l'impensabile.

Il 27 Agosto del 1937, senza alcun preavviso, Ignatz si suicidò impiccandosi. Nonostante avesse mostrato in passato segni di depressione, il suo suicidio fu uno shock per la famiglia tanto quanto per la comunità. Nel suo necrologio fu scritto che portava ancora in tasca la ricevuta di pagamento per una nuova divisa da tennis cucita su misura. L'evento, inaspettato, fu straziante.

Quando avevo all'incirca dieci anni, chiesi a mio padre la causa della morte del nonno. Lui sospirò. "Aveva un'infezione al dente che si propagò per tutto il corpo," mi disse. Che io sappia quella fu l'unica volta in cui mio padre mi mentì. Eppure, gli sono riconoscente per quella bugia, anche se non mi salvò dallo shock provato quando, solo dopo la sua morte, mia madre mi raccontò la vera storia.

Dopo la morte di Ignatz, la società fu gestita da mia nonna e mio padre. Fu allora che mio padre si rese conto dei suoi limiti: era un amministratore competente ma non aveva ereditato l'immaginazione di Ignatz, la sola che aveva reso la casa editrice nota a tutta la Cecoslovacchia.

2 INVASIONE (1939)

Ostrava, Cecoslovacchia

Ripensandoci, sembra che la maggior parte dei membri della famiglia Buchsbaum non riconobbero la minaccia dell'ascesa Nazi-Tedesca. Mentre amici e parenti iniziarono ad emigrare verso Paesi al di fuori dell'Europa continentale - Stati Uniti, Inghilterra, Sud Africa, Palestina - la mia famiglia non mosse un passo finché non fu troppo tardi.

Ci furono volte in cui mio nonno, con il suo solito pessimismo, prima di morire nel 1937, espresse la sua paura nei confronti dell'occupazione nazista della Cecoslovacchia. Temeva che l'intera famiglia sarebbe dovuta fuggire per mettersi in salvo. Mio padre, in genere, provava a convincerlo dell'impossibilità di quella evenienza, sostenendo che il nazismo riguardasse i tedeschi, non i cechi. Inoltre, mio padre era sicuro che qualsiasi tentativo d'offesa tedesca avrebbe inevitabilmente attivato l'armata ceca.

Forse mio nonno, con la stessa preveggenza che aveva per l'editoria, anticipò gli eventi in Cecoslovacchia? Altri ne furono certamente in grado e fuggirono altrove. Forse questi ultimi riconobbero come, negli ultimi anni '30, la predominanza dei cechi parlanti tedesco, in Boemia e Moravia, stesse fornendo a Hitler una giustificazione per invadere e annettere l'intera area e rivendicarla come la Germania del Sud. Hitler sosteneva che i cittadini parlanti tedesco e non ebrei fossero di "razza tedesca", cosa di cui si è molto discusso.

Nel marzo del 1938 i tedeschi avevano annesso l'Austria. Lo zio Norbert, che viveva a Vienna con sua moglie Annie, attraversò il confine illegalmente, durante la notte, per ricongiungersi con la famiglia Buchsbaum nella casa di Ostrava. Ovviamente, Clara si operò in modo da far sentire a casa il suo amato fratello, nonostante l'arrivo della moglie. La presenza di Norbert generò una certa tensione. "Ficcanasava in ogni affare o situazione privata, offrendo la sua opinione non richiesta e mostrando apertamente il suo fastidio," scrisse mio padre.

Nel frattempo, la situazione in Cecoslovacchia iniziò a scaldarsi. Nell'ottobre del 1938, milioni di ebrei assediarono i consolati stranieri alla disperata ricerca di un rifugio. Trovarono tutte le porte chiuse. Le quote per gli Stati Uniti, infatti, contavano duemilacinquecento visti per anno da richiedenti dalla Cecoslovacchia.

L'esercito tedesco invase Ostrava nella sera del 14 marzo 1939. Mio padre fu richiamato dall'esercito. I carri armati tedeschi oltrepassarono il confine schiacciando l'opposizione ceca. La Francia non onorò l'alleanza con la Cecoslovacchia e così neanche la Gran Bretagna.

L'invasione segnò la brusca fine della vita privilegiata della famiglia Buchsbaum e l'inizio di cinque anni di lotta per la sopravvivenza. Prima di leggere la storia di famiglia di mio padre, conservavo delle fantasie romantiche sulla vita anteguerra, composte da un mix di elementi derivati dalle operette del diciannovesimo secolo e da film come l'originale *Grand Hotel*. Immaginavo mio padre, con la sua impeccabile uniforme scarlatta, danzare il valzer ai balli di Praga e di Vienna dove donne eleganti in abiti di seta e pellicce accettavano baci rubati dietro vasi di palme. Era quello il mondo in cui mi piaceva fantasticare, un mondo che probabilmente vide la sua fine con l'armistizio della Prima Guerra Mondiale, quando mio padre aveva soltanto otto anni.

L'invasione del 1939 portò al definitivo sterminio di circa 263.000 ebrei cechi, di cui ottantamila provenivano dalle province della Boemia e di Moravia.

Perché mio padre, un editore e sofisticato intellettuale, non colse i segnali d'allarme che spinsero altri a lasciare il Paese? Mi fa male criticare il padre che ho sempre venerato, ma non posso fare a meno di credere che la sua arroganza lo avesse accecato riguardo alla vulnerabilità della sua famiglia. Erano importanti membri della comunità ebraica di Ostrava e della generale comunità imprenditoriale della città. Pensò, forse, che quel benessere e la loro posizione sociale li avrebbe protetti? Probabile. Posso facilmente figurarmi la sua idea beffarda di una figura come quella di Hitler, il fallimento di una classe sociale inferiore, un imbianchino senza alcuna cultura né educazione. Deve essere stato inimmaginabile per mio padre temere un uomo di quel rango.

Inoltre, il patto con la Francia e il presunto accordo con la Gran Bretagna contribuirono a creare un falso senso di sicurezza. Molti cechi sentirono di essere stati "venduti" dai due Paesi che fallirono nel difendere la Cecoslovacchia. Proprio quel fallimento riflettette la mentalità del 1939 di preservare la pace a qualunque costo.

Provando disperatamente ad ottenere dei visti per sé stesso e per sua madre, mio padre chiese ad ogni ambasciata, cercando un modo per entrare in Inghilterra, Svizzera, Cuba o qualsiasi Paese del Sud America, ma tutte le porte sembravano blindate. Per una famiglia dell'Europa Centrale pensare ad un trasferimento in Sud America richiese uno sforzo d'immaginazione non indifferente ma, allo stesso tempo, dimostrò la fiducia nella loro capacità di navigare il futuro. Iniziarono a studiare spagnolo nell'attesa dei loro visti.

Dopo l'invasione, il pugno di ferro dell'occupazione nazista si strinse su tutto il Paese. Il giorno dell'invasione, mio padre era a Londra per affari nel disperato tentativo di trasferire i suoi fondi in una banca inglese. Tornando a Praga fu sorpreso dalla presenza delle SS in aeroporto. E nuovamente, la famiglia pensò di aver ancora tempo a disposizione; spedirono mobili, dipinti e porcellana a Rotterdam, in Olanda, in un deposito da cui avrebbero poi ripreso i loro possessi.

Poco dopo l'invasione tedesca, quattro soldati apparvero, un giorno, nell'ufficio di mio padre identificandosi come membri della Gestapo. Alla famiglia fu impedito di accedere alla libreria. Da lì a poco fu stabilito un nuovo direttore, il Signor Erwin Hruschka, un precedente impiegato nella società.

Alla famiglia fu proibito di ritirare qualsiasi bene di proprietà della società. La fedele segretaria della società intraprese una relazione romantica con uno dei membri della Gestapo. Questi divenne un'importante risorsa ma ad un prezzo: la decappottabile sportiva di mio padre. La vita di mio padre dipese da questa odiata connessione.

Mio padre ottenne un visto temporaneo per l'Inghilterra grazie all'intercessione di un compagno di confraternita che garantì finanziariamente per lui. "È così che sono riuscito a mettermi in salvo mentre il resto della mia famiglia soffriva", ha scritto. Non smise mai di adoperarsi per portare mia nonna Clara, sua sorella Gretl con il marito Hugo e la loro figlia Susi fuori dall'Europa, ma non scrisse molto a riguardo nella sua storia. Può darsi furono il dolore e il senso di colpa a trattenerlo dallo scrivere della loro perdita.

Nella missione per conoscere meglio la mia famiglia, un senso di consapevolezza emerge, qualche volta gradualmente, altre invece come un geyser. Ora capisco che l'auto esaltazione di mio padre nel suo fare sempre la scelta giusta non era altro che un meccanismo di difesa. Criticava spesso amici e colleghi per la loro mancanza di giudizio e le loro pessime scelte sebbene egli stesso avesse, forse, fallito nel momento più importante della sua vita.

Mio padre ha descritto quel tempo come "giorni e notti pregni di terrore, costantemente a guardarsi le spalle, spaventato di indugiare per strada e parlare con gli amici, terrorizzato di metter piede nell'unico caffè che gli ebrei potevano ancora frequentare."

Mio padre consegnò il suo passaporto e quello di Clara alla Gestapo per poter ottenere i permessi d'uscita dalla Cecoslovacchia. Per recuperarli, poi, guidò fino al quartier generale della Gestapo, parcheggiando davanti all'edificio. Egli ha scritto nel suo libro:

Nessuno che non abbia vissuto in prima persona un'esperienza come la nostra potrà mai immaginare il terrore che vissero gli ebrei a quel tempo. Stavi a casa più che potevi, andando a dormire ogni notte con il timore di sentir bussare alla porta nelle prime ore del mattino. Se per caso avessi avuto l'improrogabile bisogno di uscire e ti fosse capitato di incontrare un conoscente e ti fossi fermato a chiacchierare, non avresti fatto altro che guardarti alle spalle per assicurarti che nessuno stesse ascoltando. Come intrattenimento non avresti avuto niente altro che la radio, dal momento che tutti i luoghi pubblici, i teatri, i cinema, vietavano l'accesso agli ebrei.

Ed io ero dovuto andare nel quartier generale della Gestapo. Forse ti puoi immaginare come potesse sentirsi un ebreo nella gabbia del leone. Oggi, dopo più di quarant'anni, ho ancora incubi a riguardo.

Cinque o sei, uomini e donne, erano allineati con la faccia contro il muro e con gli alluci contro il battiscopa. Mi fu chiesto il nome e il motivo della mia visita, dopodiché mi unii agli altri, in fila contro il muro. Ero terrorizzato a morte.

Uno dopo l'altro, i miei compagni agonizzanti venivano chiamati via, finché non fu anche il mio turno. Fui accompagnato dentro un ufficio e mi fu ordinato di restare accanto alla porta, un uomo era seduto dietro una scrivania dall'altra parte della stanza. L'uomo alzò lo sguardo su di me in silenzio, sentii le forze venirmi meno, poi mi chiese se mi ricordassi di lui. Negai. "Mi chiamo così e così e abbiamo frequentato la stessa scuola elementare."

Beh, non riuscivo comunque a ricordarlo. Poi mi chiese cosa volessi e dopo avergli risposto, aprì un cassetto della scrivania, prese due passaporti e me li gettò accanto, questi scivolarono attraverso la stanza arrivando quasi a toccarmi i piedi. Li presi, lo ringraziai e andai via.

Ero riuscito ad ottenere i passaporti e fui trattato dalla Gestapo nel modo migliore che un ebreo potesse immaginare. Scesi le scale con una meravigliosa sensazione di sollievo. Uscendo dalla porta principale, un soldato in un'uniforme nera delle SS si rivolse a me urlando, "Sei Buchsbaum?" Annuii - mi afferrò per il braccio e mi trascinò di nuovo nell'edificio. Aprì la porta di un ufficio e gridò: "L'ho preso!"

Come se mi avesse colpito un lampo, capii: questa è la fine. Poi, un altro uomo, anche lui delle SS, fece capolino: "Hai preso i passaporti?". Era il fidanzato della mia segretaria. Camminai verso la macchina con le ginocchia tremolanti, le gambe prive di forza.

A concludere quel terrificante episodio ci fu un dato "positivo". Una volta che i tedeschi presero il controllo, tutti i documenti d'identità degli ebrei, inclusi i passaporti, vennero contrassegnati, sulla prima pagina, da una grande "J" rossa per Jew, ebreo in inglese. Serviva per identificarne il possessore e garantirne l'adeguato trattamento. Quando esaminammo i nostri passaporti, scoprimmo con meraviglia che il mio vecchio compagno di classe non stampò la "J" sulla prima pagina, ovviamente un favore intenzionale.

3 FUGA (1939-1941)

Ostrava, Cecoslovacchia

Il 19 Giugno del 1939 il telefono della famiglia Buchsbaum squillò, la voce di un uomo dall'altra parte della cornetta, disse "Devi andare via oggi. Fa' in modo di non essere in questa città domani. Sarai arrestato al mattino." Mio padre riconobbe la voce di un conoscente della polizia di Ostrauer che doveva esser venuto a conoscenza dell'imminente arresto e si prese il rischio di avvisarlo. Mio padre riempì in fretta due valigie e guidò verso la casa di sua sorella per dirle addio. Lei abbracciandolo, gli disse in lacrime, "Non ci rivedremo mai più." Quel pessimismo sorprese mio padre.

Immagino il suo ultimo abbraccio con la madre. Lo avrà stretto a lei anche anche mentre lo spingeva fuori dalla porta. Lui partì con l'orologio d'oro di suo padre e il braccialetto d'oro di sua madre cuciti dentro la sua giacca. Per tutta la sua vita mio padre fu impaziente ai lunghi addii, forse per non ricordare quegli ultimi minuti con sua madre.

Può darsi che lei gli avesse preparato dei panini con patè di fegato d'oca, perfettamente confezionati? Una mela? Una fetta di strudel? Nel suo memoir mio padre non ne parla. Ha scritto, però, come vide il paesaggio della sua città natale allontanarsi man mano che il treno usciva dalla stazione. Ebbe la sensazione che non lo avrebbe visto mai più.

Raggiunsi Praga oramai alla sera e andai nell'hotel in cui mio padre usava alloggiare. Come entrai nella sala d'aspetto, notai alcuni individui delle SS rilassarsi su grandi sedie e chiacchierare animatamente. Ancora una volta, ero entrato, senza saperlo, nella gabbia del leone: l'hotel era la residenza momentanea dei membri delle SS di Praga. Avvicinandomi al banco della reception, una SS, dalla sua sedia e con arroganza, si rivolse all'addetto alla registrazione: "Prenotami un biglietto aereo in prima classe diretto a Berlino per domani mattina." Osservandolo, pensai che prima di unirsi alle SS avrebbe potuto lavorare in un alimentari.

Se pensi che quell'ultima affermazione fosse arrogante, hai ragione. Sebbene i nazisti mi avessero considerato sub-umano perché ebreo, io mi sentivo ancora un membro dell'élite aristocratica ebraica.

La mattina seguente, provai a contattare per telefono il consolato britannico per sapere se il mio visto fosse arrivato o meno, ma la linea era perennemente occupata. Dopodiché camminai per qualche isolato per vedere se potesse essere stato possibile entrare e chiedere di persona ma la fila di gente in attesa faceva il giro dell'edificio. Sarebbero trascorse ore prima che fosse arrivato il mio turno e non era neanche sicuro che sarei riuscito ad entrare. La soluzione al dilemma su come poterli contattare mi colpì.

Le persone possono ignorare chiamate e lettere ma nessuno ignorerebbe mai un telegramma, soprattutto se con risposta prepagata. Mi diressi, allora, vero l'ufficio postale più vicino (i telegrammi, in Europa, sono sempre stati amministrati dal servizio postale) e inviai un telegramma, risposta già pagata, chiedendo del mio visto.

Quando tornai nel mio hotel quella sera, dopo cena, trovai il telegramma di risposta con cui venivo informato che il mio visto era arrivato e mi invitavano a recarmi al consolato per un colloquio.

La mattina seguente non ebbi alcun problema nel sorpassare coloro che erano in fila grazie all'invito che avevo ricevuto. Nell'arco di dieci minuti, ebbi un visto inglese stampato sul mio passaporto.

Ora restava capire come raggiungere l'Inghilterra in sicurezza. Sapevamo che subito dopo l'occupazione tedesca della Cecoslovacchia, letteralmente, migliaia di ebrei impacchettarono le loro cose per raggiungere l'Inghilterra con il treno. In quei primi giorni non era necessario possedere il visto grazie ad un accordo fra i due Paesi e l'Inghilterra onorò il patto fino a pochi giorni dopo, quando cambiarono le leggi.

Negli anni, ho riletto la storia di mio padre, dall'inizio alla fine, almeno cinque volte prima che riuscissi a capire fino in fondo quell'ultimo, bellissimo paragrafo. Ero senza fiato. Alcuni suoi amici presero semplicemente un treno? Se avessi voluto fuggire via, avresti avuto soltanto quei tre preziosi giorni - per abbandonare macchina, risparmi, compagnia editoriale, posizione sociale e una vita privilegiata. Avrebbero potuto fuggire. Clara, Gretl, Hugo e mia cugina Susi sarebbero potuti sopravvivere semplicemente salendo su un treno e viaggiando verso i porti della Francia o dell'Olanda, dove una nave notturna li avrebbe trasportati, attraverso il canale inglese, in Inghilterra. Verso la salvezza. Verso la vita.

Accettare la titubanza di mio padre è molto difficile. Sotto la spiazzante storia della fuga di mio padre si nascondono altri strati e dimensioni. Il suo scritto dimostra come, a ventinove anni, mio padre non era l'eroe che ho venerato durante la mia infanzia e oltre, ma un mortale come tutti, capace di sbagliare. Ma un tale sbaglio!

Ho idolatrato mio padre fino alla sua morte e lo faccio tutt'oggi. Ho sempre nutrito una cieca fiducia in lui. Le perdite della sua famiglia, però, mi hanno sempre causato una grande rabbia in quei momenti in cui avrei desiderato la compagnia e il supporto di Clara e Susi.

Davvero mio padre non era a conoscenza delle intenzioni di Hitler stilate precedentemente nel suo libro, *Mein Kampf*? Sebbene la "Soluzione Finale", il sistematico sterminio degli ebrei, non fosse ancora stata formulata, alcuni amici e familiari decisero di andar via già diversi anni prima. Dopo che la Cecoslovacchia fu invasa, il senso d'urgenza aumentò ma la mia famiglia continuò a ritardare.

So che una grande preoccupazione riguardava riuscire a portare il loro denaro fuori dal Paese. Il denaro è un argomento che pervade ogni aspetto della mia famiglia. Riempie le lettere di mia nonna, mentre mio padre, sua sorella Gretl e suo marito Hugo erano ancora giovani. Data la loro educazione, avrebbero potuto pensare di iniziare una nuova vita. Forse non era nella loro natura andare contro le regole. Se la legge avesse impedito lo spostamento dei loro risparmi, loro non avrebbero potuto o non avrebbero voluto neanche rischiare di provare.

È giusto criticare mio padre per le decisioni che non ha preso? Condannare suo cognato, Hugo, per aver esitato? Mio padre mi ha confessato che Hugo, un arrogante ed egocentrico responsabile ingegneristico per Vìtkovice Iron Works, credeva che avrebbe potuto raggiungere un compromesso con i tedeschi. Perché, oh perché, non fuggirono tutti via in quei preziosi tre giorni? Forse non avevano ancora ricevuto i loro visti d'uscita dalla Gestapo. Se così fosse, andar via sarebbe stato ulteriormente rischioso.

Ancora non riesco a capire tutti i particolari e non c'è più nessuno a cui poter chiedere. La parte matura di me stessa sa che la sfida sta nell'accettare il giudizio di mio padre a ottant'anni dalle sue decisioni - accettare senza alcun risentimento quel che ormai non si può cambiare. Quando ero più giovane, guardavo mio padre come colui che sapeva già tutto, aveva un non so che di divino. Il mio bisogno di sicurezza lo richiedeva. Ora, però, il mio amore nei suoi confronti può essere più realistico e, allo stesso tempo, più comprensivo. Scelgo di credere che lui abbia fatto del suo meglio per proteggere la famiglia che amava più di qualsiasi altra cosa.

Anche con il visto d'uscita della Gestapo, il suo pericoloso viaggio verso la libertà era tutt'altro che assicurato. Viaggiare attraverso la Germania per raggiungere la costa del canale e la via d'uscita per l'Inghilterra, esigeva un piano prudente e nervi di ferro.

Avevamo tutti sentito parlare delle molestie e delle vessazioni a cui gli ebrei, riusciti a fuggire per primi, furono esposti quando attraversarono i confini sui compartimenti in prima classe dei treni espressi. Al confine, gli ebrei erano costretti ad un controllo dei bagagli appena scesi dal treno. I loro beni venivano lanciati fuori dalle loro valigie sulla piattaforma della stazione, venivano denudati per ispezioni sui loro corpi e tutto ciò era accompagnato da insulti e imprecazioni. Se nel frattempo il treno partiva, coloro che non erano riusciti a salirvi sopra erano costretti ad aspettare quello del giorno successivo. Io volevo evitare tutto questo e, inoltre, temevo che gli ispettori al confine avrebbero percepito la mia paura. Ero stato informato di essere riuscito ad evitare per un pelo il mio arresto in Ostrava e che il mio nome sarebbe potuto essere su una lista di ricercati.

Mi recai in un'agenzia di viaggi ceca per cercare un modo di viaggiare più sicuro. Indossavo la spilla dell'Associazione degli Ufficiali della Cecoslovacchia e dietro il banco informazioni c'era un impiegato con la stessa spilla. Mi rivolsi a lui chiedendo gli orari dei treni diretti a Londra. Lui, senza alzare lo sguardo, rispose, "Prendi l'espresso delle nove di sera direttamente collegato alla coincidenza per l'Olanda."

Indicai la mia spilla. "Fratello, voglio prendere una strada più sicura."

Il suo sguardo incrociò il mio e capì immediatamente, mi disse di accomodarmi e aspettare. Dopo un po', mi richiamò al banco passandomi un documento pieno di informazioni e mi spiegò il complicato programma.

Per evitare gli ufficiali ai controlli del confine, l'itinerario prevedeva prendere, alle prime ore del mattino, una serie di coincidenze di treni merci autorizzati ad oltrepassare i confini. La rotta, inoltre, includeva un cambio di treno a Berlino, il centro di comando della Germania nazista.

Mio padre seguì alla lettera il programma e raggiunse l'Olanda senza contrattempi, ma incredibilmente affamato. La legge proibiva il trasporto di più di dieci marchi, equivalenti ad un dollaro, fuori dal Paese. Un uomo gentile e perspicace invitò mio padre per un pranzo nella carrozza ristorante. Mio padre scrisse, "Da qual momento ho amato gli olandesi."

Seguendo un'escursione attraverso il canale inglese, mio padre arrivò al sicuro a Londra il 23 giugno del 1939. Fu accolto da Irwin e Greta Katona, amici stretti che erano riusciti a raggiungere Londra prima di lui.

Durante il suo periodo universitario, mio padre ebbe una relazione con la più adulta, bellissima, e sposata Greta. Forse fra i ceti urbani sofisticati degli anni anteguerra, quel tipo di relazione era semplicemente parte dell'educazione di un giovane uomo, un modo per far esperienza del mondo. Ne parlo poiché mio padre assunse l'atteggiamento moralistico di un uomo d'altri tempi nei confronti di comportamenti proprio come questo.

Ancor più degna di nota, era l'amicizia che legava mio padre, Irwin e Greta, che li aiutò a sopportare il Blitz e perdurò fino alla morte delle due donne decenni dopo. Durante la retata di Londra, quando i tedeschi sganciarono bombe lungo il canale inglese tutte le notti, le sorelle Katona offrirono a mio padre un supporto sia emotivo che, forse, anche finanziario. Lo invitarono spesso a cena, sapendo, senza bisogno di alcuna sua spiegazione, che non gli era sempre possibile permettersi dei pasti.

Dopo la guerra, quando la Gran Bretagna soffrì diverse carestie, i mie genitori inviarono alle sorelle Katona pacchi di provviste con caffè, zucchero, calzini di nylon, e altri prodotti semplicemente non disponibili e strettamente razionati. Io ebbi modo di conoscerle nel 1960 durante una viaggio a Londra con mia madre. Era chiaro il profondo affetto che legava mia madre con le gentili donne quando si abbracciarono calorosamente. Greta tenne stretta la mano di mia madre durante tutta la nostra gita londinese.

L'arrivo di mio padre in Inghilterra con un visto provvisorio, preannunciava il suo bisogno di doversi trasferire altrove il prima possibile. Certamente non gli era permesso lavorare. Visse, poi, temporaneamente in Torquay, un villaggio balneare inglese nel Devonshire. Lì incontrò donne quacchere che volevano imparare il tedesco. Insegnò in un corso settimanale e riuscì ad ottenere anche alcuni studenti per lezioni individuali. Entrambi gli impegni lo aiutarono parzialmente nella sua situazione finanziaria ed ebbe modo di entrare nelle grazie delle persone inglesi per il resto della sua vita.

Il gruppo di ebrei residenti in Torquay, assieme ad altri ebrei pensionati che alloggiavano in hotel e in case riposo, affittarono una stanza d'albergo e pagarono un rabbino per celebrare le feste comandate. Mio padre ha scritto accuratamente di quel periodo:

Non sono mai stato un ebreo devoto ma ho sempre partecipato alle preghiere delle feste comandate, e ora, in qualità di rifugiato a causa della mia religione, fu ancora più importante di prima assistervi. Così partecipai alle cerimonie religiose per il Rosh Hashanah. Lontano da casa e da rifugiato in un altro Paese, ascoltare quelle stesse canzoni e preghiere che avevo sempre recitato in passato con la mia famiglia, mi rese talmente triste che iniziai a piangere.

Dopo la cerimonia, una donna molto graziosa e ben vestita venne a parlarmi, chiedendomi chi fossi e da dove venissi. Si presentò come Signora Lee, moglie di un medico locale, e mi invitò a cena da loro.

In quella famiglia affettuosa e gentile, mio padre trovò comprensione e gli fu offerta la possibilità di socializzare con persone inglesi ben educate e solidali.

Sapendo che la sua laurea in legge era inutile fuori dalla Cecoslovacchia, mio padre entrò nel settore dell'intaglio del cuoio, che aumentò la sua probabilità di essere ammesso negli Stati Uniti. Cercò, allora, un'opportunità per esercitare la sua nuova abilità e ne trovò presto una nella zona di Newton Abbey, una cittadina con una fabbrica di pelle che pagava ai suoi dipendenti un salario molto modesto. Il giovane proprietario era estremamente gentile, insegnò a mio padre i primi rudimenti dell'intaglio del cuoio e lo introdusse al golf, regalandogli un set di mazze di seconda mano. A volte, i due giovani uomini andavano via sulla Jaguar sportiva del capo per una partita.

Durante quel periodo, mio padre ricevette una lettera da sua madre, spedita dall'Italia alle Katona, che gliela inoltrarono da Londra. Clara era riuscita a lasciare la Cecoslovacchia sotto un programma speciale che promuoveva il turismo in Italia. Mio padre ottenne la garanzia finanziaria del suo amico per portare Clara in Inghilterra ma la caduta della Francia nel 1940 infranse i loro piani. L'Italia si unì alla guerra al fianco della Germania proprio in quei mesi, cambiando lo status di Clara in quello di una prigioniera. Ciò le impedì di viaggiare attraverso l'Italia senza i permessi. Mio padre reagì alla caduta della Francia come ad un terribile trauma personale.

Credevo che la guerra fosse ormai persa e che la Germania avrebbe preso il controllo di tutta l'Europa. Essere occidentale ed essere fragile, dissi al mio capo reparto londinese. Lui aveva la risposta giusta, anche se al tempo non me ne resi conto. Appoggiò la sua mano sulla mia spalla e disse: "Non ti emozionare troppo, ragazzo, abbiamo ancora la nostra flotta (va di pari passo con forza)."

Dopo che i blitz tedeschi sottomisero Danimarca, Norvegia, Olanda e Belgio, mio padre iniziò a cambiare idea. Aspettava la fine della guerra con la speranza di emigrare in America. Quando il governo britannico dichiarò che i residenti stranieri avrebbero potuto unirsi all'esercito inglese per combattere contro la Germania, mio padre viaggiò fino alla stazione di reclutamento in Exeter e compilò i documenti per arruolarsi.

Lo scrissi chiaro e tondo nei documenti che ero un ufficiale di una nazione alleata (la Cecoslovacchia) e che sarei stato accolto dal colonnello come un compagno ufficiale. Non ebbi tale fortuna. Si trattava di uno dei relitti della Prima Guerra Mondiale, il tipo descritto dai vignettisti inglesi come "Colonnello Mongolfiera". Questi lesse lentamente i miei documenti mentre aspettavo in piedi di fronte alla sua scrivania. Decisi, allora, di chiedergli qualcosa che avevo in mente da qualche tempo. Sapevo che, comunque fosse andata a finire, la Cecoslovacchia non sarebbe mai tornata com'era una volta e per questo non sarei voluto tornare indietro. Al che, dissi, "Colonnello, se mi unisco all'esercito inglese otterrò la cittadinanza britannica quando la guerra sarà finita?". Lui mi osservò per un momento e poi rispose, "Perché dovremmo darti la cittadinanza? Stiamo combattendo questa guerra perché le persone come te possano tornare nei loro Paesi."

Come mio padre si aspettava, venne respinto. Questo rifiuto accese l'impulso di voler raggiungere gli Stati Uniti a qualsiasi costo e combattere per l'America, la quale avrebbe sicuramente partecipato alla guerra. Tornò a Londra in tempo per i bombardamenti notturni della Battaglia Britannica. Mio padre, spesso, ha descritto quelle ore nei rifugi anti atomici e sotto le metropolitane esaltando lo spirito degli inglesi, la loro "smisurata audacia e determinazione" in quelle difficilissime e terrificanti condizioni.

Nel dicembre del 1940 venne il turno di mio padre. Ricevette il visto per gli Stati Uniti. La nuova sfida sarebbe stata il viaggio attraverso l'Oceano Atlantico, il regno dei sottomarini. Ogni tipo di fortuna gli venne in aiuto. Due mesi più tardi, approdò in Halifax, nella Nuova Scozia, e da lì prese un treno diretto a Penn Station in New York City, dove il figlio più grande di suo cugino, Benjamin Buchsbaum, andò a prenderlo. Questo viaggio fu miracoloso per mio padre e, finalmente, poté iniziare una nuova vita.

4 SEPARAZIONE (1939-1944)

Firenze e San Donato Val di Comino

Clara rimase in Ostrava per aiutare nell'impresa editoriale di famiglia dal giugno all'agosto del 1939. Mise in pratica le sue conoscenze del mestiere ed incluse nuove strategie di vendita per la pubblicizzazione dei nuovi libri. In questo modo sembrò fare pace con l'idea di non essere più la proprietaria dell'azienda e di doverne condividere la gestione con un editore designato dai nazisti, che in precedenza era un semplice impiegato.

La sua lettera, destinata a Londra per mio padre, del 16 giugno del 1939 si chiudeva con un consiglio materno:

Ora mio caro Hannesl, devo ancora ripeterti di pensare a te stesso, di essere egoista e sgomitare. Pensa alla tua salute, mio caro, mangia molto e bene, e sii felice nell'animo. Magari potresti ancora iscriverti ad un corso di inglese. Ti mando un bacio dal profondo del mio cuore e per quanto riguarda le tue care amiche, ringraziale da parte mia con immensa gratitudine.

Sempre con tanto amore, Mutti

Il 27 settembre del 1939, Clara si era già stabilita a Firenze, in Italia, presso la Pensione Balestri, situata in una graziosa piazza ad un isolato dal Ponte Vecchio, il famoso ponte sopra il fiume Arno.

Pensione Balestri, Piazza Mentana 5, Firenze, Italia

Grazie ad un programma speciale stabilito dal governo tedesco, Clara riuscì a trasferire un po' di denaro da una banca di Ostrava con la causale di una lunga vacanza. Le sue lettere danno un'idea dei frequenti abusi che subiva da parte delle SS della Gestapo in Ostrava.

Stavano cercando mio padre che era riuscito ad evadere. Lei si sentiva insicura in quell'atmosfera e sicuramente si era auto-censurata nelle sue lettere.

Dal momento che l'Italia non era ancora entrata in guerra, Clara poteva spedire lettere in Inghilterra e lo faceva almeno due volte a settimana.

Il 27 settembre del 1939, scrisse:

Mio caro (sopra ogni cosa) amato Hannesl!

Ieri ho ricevuto la tua lettera tardiva del 9/4 contenente vecchi aggiornamenti, considerando che avevo già ricevuto le due successive. Ciononostante, mi riempie di gioia leggere le tue care e adorate parole. Questo posto è bellissimo; il caldo si è attenuato, è soleggiato e piacevole. Spero di poter continuare a riposare. Stavo considerando di trasferirmi qui in modo definitivo perché in autunno sarebbe molto più economico, ma temo che alla sera mi sentirei troppo sola.

La tua sempre amorevole Mutti

Una lettera successiva parla di alcuni dettagli finanziari e di inviti ad eventi sociali. Decidendo di voler essere parsimoniosa, Clara non accompagnò alcuni suoi vecchi amici e nuovi conoscenti in un'escursione sul Mediterraneo. Il tono della lettera suggerisce dei cambiamenti nella sua situazione e un sottile rimorso.

Uno dei misteri e delle meraviglie dei primi anni di guerra è come la corrispondenza fluisse liberamente da Ostrava e dall'Italia a mio padre in Inghilterra e, fino al 1941, anche fra lui e gli altri Buchsbaum negli Stati Uniti.

La Croce Rossa Internazionale rese possibili le comunicazioni grazie alle "Lettere della Croce Rossa", brevi messaggi di non più di venticinque parole, che potevano essere spediti una volta al mese. Le lettere di mia nonna, per mio, padre erano scritte fronte e retro su sottili foglietti in una bellissima grafia. Erano una combinazione di profondo affetto e consigli pratici, che prendenvano molte più di venticinque parole.

Le lettere, inoltre, documentano meticolosamente i tentativi di quest'ultima per ottenere il visto e mostrano la sua tenacia, forza e risolutezza nella sua ricerca per lasciare l'Europa.

Il 9 gennaio del 1940, ella scrisse:

Mio unico e solo amato Hannesl!

Ricomincio a scriverti dalla lettera n.1 e ti confermo la ricezione della tua cara lettera n.22 del 1 Gennaio e di quella precedente. Innanzitutto, grazie di cuore, mio caro, per la tua cura nei miei confronti, mi solleva sapere che qualcuno mi pensa con affetto e apprensione. Quando, ogni tanto, vengo travolta dal profondo sconforto, è solo il tuo pensiero, mio Hannesl, che mi restituisce la forza per sopportare la vita e anche la premura di Gretl, che vorrei tanto sapere al sicuro. Stai lavorando tanto per far sì che io possa raggiungerti e farò di tutto per ottenere l'estensione della mia permanenza qui finché non potrò venire da te.

Le lettere di Clara fra il 1940 e il 1941 ripercorrono i suoi tentativi per ottenere dei visti per qualsiasi luogo fuori dall'Europa. Ogni volta, le possibilità dello ieri evaporavano con l'oggi. Palestina, Bolivia, Perù, Cile, Brasile, Shanghai, ogni possibile destinazione si rivelava o troppo lontana per Clara o non più autorizzata da alcun visto. I consolati erano sotto assedio e venivano chiusi senza alcun preavviso. Erano necessarie dichiarazioni sostitutive e garanzie, ma la procedura era talmente lunga che le documentazioni raggiungevano le loro scadenze e il processo cominciava da capo di nuovo. Le dicerie si diramavano dando speranze che si sarebbero dissolte con un'altra porta chiusa.

Ben Buchsbaum continuava, senza sosta, a cercare soluzioni per conto di mia nonna, contribuendo al suo supporto in Italia, spedendo fondi e richieste di visto. Nonostante egli fosse riuscito a portare negli Stati Uniti ventotto rifugiati, compreso mio padre, promuovendoli e iniziandoli al lavoro in America, mia nonna rimase ancorata in Europa. Sembrava che nessuna cifra o manovra riuscisse a portarle la libertà.

In qualche modo, Clara studiò inglese, italiano e spagnolo, scrisse lettere agli amici e familiari ancora in Cecoslovacchia e in altri Paesi e, ovviamente, a mio padre. Scrisse che la pensione in cui si trovava sarebbe stata rinnovata e che lei avrebbe seguito i proprietari insieme agli altri residenti in un soggiorno in montagna.

Mia nonna era incredibilmente intraprendente. Le sue lettere mostrano ogni suo tentativo per raggiungere la libertà. Lei non si perse d'animo, continuando ad inviare telegrammi, riempire moduli, consultare altri rifugiati, visitare agenzie di viaggio e i consolati di Roma, inseguendo ogni possibile strada. Nel frattempo, fu in grado di mantenere una certa stabilità psicologica e un atteggiamento positivo. I suoi sforzi furono guidati dalla speranza e dalla fiducia in sé stessa. Le sue lettere lo dimostrano.

Nel novembre del 1940, un mese prima del compleanno di mio padre, scrisse:

Mio amore sopra ogni altra cosa!

Ti mando i miei più profondi e cari auguri per il tuo compleanno. Riesco a malapena a credere che sia il tuo trentesimo! Riesco ancora a vederti, davanti a me, il mio piccolino con i ricci. Il mio bambino amato più di qualsiasi cosa, possa il misericordioso Signore provvedere sempre alla tua salute e possa proteggerti da ogni sofferenza [dolore] e regalarti felicità e gioia, mio caro bambino, il tuo cuore grande merita tutto questo. Possa essere facile per te costruire un futuro gioioso, felice e sicuro con una famiglia. Le tue lettere mi rendono talmente felice. Sono sempre, e soprattutto il giorno del tuo compleanno, con te. Sei nei miei pensieri e nelle mie profonde speranze, ti benedico dal profondo del mio cuore, tu che sei il mio buono e amato figlio. Attendo e spero con nostalgia la nostra futura riunione. Tanti auguri e baci anche da parte di Gretl, Hugo e Susi, loro chiedono sempre di te e ti voglio tanto bene. Ti abbraccio, mio tutto, con i miei più cari auguri per il felice inizio di una nuova vita. Ti bacio con amore e affetto.

Tua Mutti

Clara mantenne una voluminosa corrispondenza anche con parenti, amici, consolati e le autorità dell'immigrazione. Descrisse gli ostacoli ma non se ne lamentò mai. Era perennemente preoccupata per Gretl e la sua famiglia, ancora in Cecoslovacchia. Inoltre menzionò, come ogni nonna avrebbe fatto, che la figlia di Gretl, Susi, era un'eccezionale studentessa in matematica che vinse anche alcune competizioni.

Mi chiedo come siano state quelle notti per lei, in quei momenti in cui era sola senza alcuna attività che potesse distrarla dalle sue preoccupazioni. L'incertezza sul suo futuro e quello di Gretl, Hugo e Susi doveva pesare molto sul suo cuore. Ogni tanto ne parla nelle lettere, ma nella maggior parte racconta della sua vita quotidiana e degli sforzi per ottenere i visti. Quanto ne sapevano Clara e la sua famiglia, alla fine del 1940, del trattamento che i nazisti riservavano agli ebrei? Probabilmente molto poco. Lei sperava nel ricongiungimento della famiglia, ma non ha mai espresso timore per la loro sopravvivenza. A volte chiedeva aiuto al "buon Dio" ma semmai avesse contemplato la propria morte o quella del resto della famiglia non ne ha mai menzionato nelle lettere.

Per alcuni parenti, in modo particolare per Annie, la moglie di suo fratello Norbert, Clara nutriva un genuino disprezzo. Mio padre ha parlato nel suo libro delle immutabili idee che sua madre covava circa la loro posizione sociale e la loro raffinata educazione. Clara ribadisce più volte lo scandalo generato dal matrimonio di suo fratello. Non solo rifiutava qualsiasi associazione con Annie ma cercava di persuadere mio padre, Gretl e il resto dei parenti a pensarla allo stesso modo.

Mi chiedo se mantenere i suoi standard sociali abbia aiutato Clara a non cedere all'ansia corrosiva sul benessere di Gretl e Susi. Fra le privazioni, il freddo, le finanze limitate e i costanti bisogni forse riuscì a distrarsi e a rassicurarsi con quelle futili osservazioni. Per evitare di affrontare le sue paure peggiori, sembra che lei avesse sviluppato una certa ossessione sulla classe sociale e le buone maniere - e la loro mancanza in Annie.

Nel marzo del 1941, per ragioni sconosciute, le autorità italiane trasferirono Clara e gli altri ventisette ebrei parlanti tedesco, a San Donato Val di Comino, nella provincia di Frosinone, a sessanta miglia a est di Roma. Alcuni storici sostengono che gli italiani, nel tentativo di ribellarsi alle leggi razziali naziste, abbiano provato a proteggere gli ebrei italiani e stranieri. Sebbene ciò potrebbe essere stato vero per San Donato, recenti informazioni indicano che molti ebrei stranieri, in Italia, furono internati e spediti nelle campagne, in luoghi separati dal resto della popolazione.

Con quale criterio le autorità avessero deciso come stanziare i rifugiati resta sconosciuto. Mia nonna e altre due donne che parlavano tedesco, furono fortunate. Presero la residenza in Casa Gaudiello, precedentemente un hotel e probabilmente l'edificio più grande in San Donato. La proprietaria, Anna Gaudiello, fece il possibile per farle sentire a casa.

Clara, Grete Berger e Grete Bloch ebbero la propria stanza da letto al piano superiore. Clara ne ha sempre esaltato l'aria fresca e il panorama meraviglioso, esprimendo fastidio solo per l'assenza di un riscaldamento centralizzato.

Il 16 aprile del 1941, Clara diede consigli materni a mio padre riguardo la sua perdita di capelli.

Hannsel, mio caro,

Come va con i tuoi capelli? Esiste un rimedio fantastico per la ricrescita dei capelli. Contiene una vitamina e aiuta a prevenire la loro caduta Si chiama Ardena o forse si tratta di un alimento dal colore arancione. È stato creato da Elizabeth Arden e va strofinato sul cuoio capelluto, la notte, prima di andare a dormire.

Immaginare che Clara, dalle montagne dell'Italia, si preoccupasse della stempiatura del figlio e sapesse anche cosa raccomandargli!

Nel giugno del 1941 sorse un'opportunità che fece arrivare le sue speranze sulle nuvole. La Serpapinto, una nave portoghese che partiva da Lisbona verso l'America, rappresentava l'ultima grande possibilità per le Spitzers di Ostrava e per Clara. Non ebbero ostacoli nel prendere i biglietti. Per molti ebrei rifugiati intrappolati nell'Europa occupata dai tedeschi, la nave rappresentò la visione di un Pegaso marittimo che li avrebbe portati alla libertà. La nave era circondata quasi da un'aura mitologica.

Da San Donato, Clara prenotò un biglietto per la partenza del 20 agosto della Serpapinto. Pensava avrebbe avuto la possibilità, grazie alla nave, di rincongiungersi all'estero con Gretl, Susi e Hugo. Le sue lettere a mio padre sono fitte di dettagli riguardanti i consolati, le dichiarazioni, il trasporto bagagli, i permessi, i visti e i documenti. Clara mise in valigia tutto quel che aveva nella sua stanza in Casa Gaudiello e spedì a Lisbona i bagagli che aveva depositato a Firenze. Era tutto organizzato, denaro, foto, traduzioni e medicinali.

In una lettera al suo prezioso Hans, Clara scrisse:

Quel che mi scrivi a proposito della tua vita, mio caro, mi rende davvero felice. Vorrei essere già lì con te. La solitudine è molto difficile da gestire, per me. È come quel che mi dicesti da piccolo: "Quando io sarò grande e tu piccola di nuovo, mamma." Ed ora è così, tesoro. Mi sto impegnando tanto per riunire tutte le mie forze. Non voglio essere un peso per nessuno, solo del sostegno, è tutto ciò che chiedo a Dio. Hannerle, ti invierò un telegramma non appena avrò qualcosa di nuovo da raccontarti. Mio dolce, amato figlio, vorrei soltanto poterti abbracciare, con tutto il mio cuore. Ti auguro dal profondo tutta la felicità e il meglio. Non vedo l'ora della nostra felice e benefica riunione, con tutta me stessa.

Tua Mutti

Il 30 giugno del 1941, Clara fece tre ore di autobus per raggiungere Roma e si diresse immediatamente al consolato americano. Quell'esatto giorno il consolato smise di dare visti. Nessuno dei requisiti o dei documenti furono utili. Né la richiesta americana, né quella italiana o portoghese. Tutto il denaro speso per quei documenti fu vano. Restava soltanto il biglietto e Clara sperò ardentemente che il denaro sarebbe stato rimborsato da Benjamin Buchsbaum. Nella lettera a mio padre ne parla con filosofia:

Certamente, è volere di Dio che riusciremo a rivederci più avanti, poi spero resteremo tutti insieme. Possa il buon Dio mantenere insieme e in salute anche Gretele e la sua famiglia. Ti abbraccio e ti bacio, mio tesoro. Ti ringrazio per tutto l'amore e ti auguro tutta la fortuna e il benessere e la salute.

Tua Mutti

Nella lettera del 16 luglio, Clara racconta di aver ripreso a cercare altri modi per emigrare e riuscì ad avere informazioni per sé e le Spitzer in Ostrava riguardo un viaggio verso Cuba; inoltre, si congratulava con "Johnnie", mio padre, per il suo nuovo vestito.

È stata una buona decisione quella di implementare il tuo guardaroba. Devi essere sempre impeccabile, vestito elegantemente e non dovresti farti mettere i piedi in testa da nessuno. È così che funziona; la società ne tiene conto.

Clara ha parlato, poi, dei suoi dolori ai denti chiedendo consigli a mio padre - se cambiare le corone o sostituire l'intera dentiera. Ancora una volta, la scarsità finanziaria e la necessità di un prestito la logorarono.

Mentre l'Europa era in guerra da due anni, sembra che sia Clara in Italia che la sua famiglia in Ostrava ignorassero ciò che accadeva negli altri Paesi. L'11 ottobre del 1941, Clara scrisse a proposito della sua profonda riconoscenza per Benjamin e Katherine Buchsbaum e ribadì a mio padre di prendere dei regali per loro e per i membri più giovani della loro famiglia. La sua ansia nel chiedere denaro era evidente. Continuare ad incrementare il debito con Ben le pesava molto. Fu grata, però, che mio padre osservò il suo *Yahrzeit*.

Ho sentito con grande e profonda soddisfazione che hai osservato religiosamente l'anniversario della morte di tuo padre e che non ti sei dimenticato di lui. Sai bene, mio caro, quanto fosse importante per lui. Visse per noi e ci ha amato tantissimo, lo meritava. Inoltre, ti ringrazio per avermelo raccontato. Anche io ho acceso una candela e così anche Gretl.

Il 20 ottobre, Clara scrisse a proposito del cambiamento metereologico:

Qui sulle montagne abbiamo avuto dei giorni un po' freddi e con temporali così forti che nessuno ha osato mettere piedi fuori casa. Il vento soffiava attraverso le stanze e l'aria era ghiacciata. Ho comprato della biancheria calda dal momento che non c'è riscaldamento e le finestre sono semplici. Lo scorso anno è stato davvero difficile. Speriamo che quest'anno sia più mite.

Dopodichè, tornò a parlare della moglie di Norbert, Annie, lamentando del suo impatto sulla famiglia e concludendo la lettera con un'espressione nostalgica che mi ha stretto il cuore:

Aspetto già con ansia la tua prossima lettera, mio caro Johnerle, le tue notizie sono la mia più grande gioia. Ti sto pensando e sognando molto, mio caro, il che mi riempie di felicità. Spero tanto di rivederti presto e attendo quel momento con pazienza e costanza. Ora ti saluto, amor mio, possano avverarsi tutti i desideri che nutro per te. Sii sempre felice, gioioso e contento e, soprattutto, in salute. Ti bacio, caro, con amore dal profondo del mio cuore.

Tua Mutti

Hugo e Gretl scrissero un'allegra lettera il 26 ottobre, raccontando come la squadra di Susi avesse vinto un'importante competizione matematica.

Quando le lettere di mio padre tardavano ad arrivare Clara sentiva venir meno la sua ancora di salvezza. Forse il freddo dell'inverno stava consumando il suo forte spirito. Qualsiasi la ragione, i desideri per il benessere di mio padre si alternavano a preghiere disperate.

27 novembre 1941

Mio carissimo e amato Hannesle!

Spero che tu possa ricevere questa lettera in tempo per il tuo compleanno. Spero che tutto ciò che chiedo a Dio per te, felicità e successo, amore e bellezza, salute e gioia e tutto ciò che possa rendere la tua vita serena e tranquilla, diventi realtà senza nessuna eccezione. Tutti i miei pensieri e tutte le mie benedizioni, mio amato figlio, saranno rivolte a te in questo giorno, troveranno sempre il modo per arrivare a te. Sono l'unico obiettivo che nutro per il futuro. Com'è cambiato il tuo aspetto, tesoro? A volte ti sogno e i bellissimi tempi felici in cui tu e Gretele eravate con me. Poi mi coglie la tristezza al risveglio. Un giorno le cose andranno meglio e saremo così felici, di nuovo insieme. E a quel punto saremo in grado di valorizzare quella gioia che prima, invece, veniva data per scontato. È il momento che anche tu inizi a costruirti una vita tutta tua. Possa il Signore darti fortuna, forza e salute così che tu possa vivere al meglio e possano le tue azioni essere benedette. Hannele, mio caro figlio d'oro, ti abbraccio con tutto il cuore, ti auguro, ancora una volta, dal bene tutto il meglio e dalla bellezza ciò che più splende, ti bacio con infinito amore.

Tua Mutti

Questa fu l'ultima lettera conservata che Clara scrisse a mio padre. Lei, comunque, continuò la corrispondenza con suo fratello Norbert che viveva ancora in Ostrava.

Fra il 1942 e 1943 Clara ha inviato quattro cartoline riguardanti, per la maggior parte, la salute e il benessere di Gretl, della sua famiglia e amici. Esprime la sua preoccupazione nel non avere notizie di Gretl e implora il fratello di fornirgli informazioni a qualunque costo. Scrive, infine, di essere stata molto malata di polmonite.

6/26/43

Carissimo Norbert!

Devi essere preoccupatissimo per me ed è per questo che ti sto scrivendo, per dirti che sto già meglio. Riesco ad alzarmi dal letto e restare in piedi per qualche ora. La malattia sta procedendo con il suo naturale decorso ma il dottore mi ha detto che avrò ancora bisogno di un po' di tempo per guarire completamente. Al mattino non ho mai la febbre ma, di solito, la temperatura sale di nuovo nel pomeriggio. La signora che ti ha scritto è stata e continua ad essere una compagnia amorevole, si prende cura di me e mi assiste come farebbe una sorella. Grazie a lei e al dottore, molto competente, oggi posso sentirmi meglio. Questa febbre così alta, che ho avuto per un po', mi ha davvero prosciugato ma ora sto, pian piano, riacquistando le forze e presto potrò uscire di nuovo. Penso a te a tutte le cose di cui ti stai occupando e ti imploro, fai in modo di pensare anche a te stesso. Con tanta speranza, magari avrò presto altre tue notizie. Aspetto sempre le tue lettere con tanta apprensione. Sono molto preoccupata per i miei figli dal momento che nessuno mi sta scrivendo, spero soltanto che stiano bene. È indescrivibile quanta nostalgia provo per loro.

Addio, piccolo caro fratello, hai tutto il mio amore, ti abbraccio e ti bacio con sincera riconoscenza, tua sorella Clara.

L'ultima lettera

L'ultima lettera di mio nonna, scritta il 30 aprile del 1943, non contiene alcun riferimento allo sterminio di suo figlia Gretl, suo cognato Hugo e la preziosa nipotina Susi, avvenuto nell'ottobre del 1942 a Treblinka. La loro corrispondenza fu semplicemente interrotta? Nessuno scrisse a Clara per informarla che la sua famiglia era stata deportata?

Sono domande a cui non ci sono risposte. Per quel che so, la corrispondenza epistolare con mio padre in America terminò nel novembre del 1941, mentre quella con Gretl e Hugo in Ostrava, forse, continuò.

Eppure eccola lì l'ultima lettera di Clara, una lettera miracolosa che mi ha commosso e mi ha toccato il cuore.

Dopo due anni e mezzo di silenzio, i miei genitori, sposati il 30 aprile 1943, ricevettero una lettera da Clara.

Attraverso il servizio postale della Croce Rossa o forse con un passaparola fra amici, Clara ricevette una lettera di mio padre in cui annunciava di aver spostato Eleanor Sanders di Jenkintown, Pennsylvania. La lettera conteneva anche una fotografia dei due sposi durante la loro luna di miele in Atlantic City, New Jersey.

In risposta, i miei genitori ricevettero una lettera d'amore come poche: Clara inviava affetto a mia madre, cresciuta senza la figura materna fin da quando aveva cinque anni, e l'accoglieva nel porto sicuro della famiglia Buchsbaum.

Eleanor venne inclusa come una figlia, una sorella, una zia e, ovviamente, come una moglie per mio padre, il figlio prediletto di Clara.

Uno dei "Ragazzi Ritchie"

L'obiettivo di mio padre di diventare un ufficiale dell'esercito americano si realizzò, finalmente, quando venne nominato secondo luogotenente nell'Aviazione, dopo essersi diplomato nella Officers' Candidate School in Florida, nel novembre del 1943. Dopodiché, prestò servizio come poliziotto a Camp Spring, Maryland fino al giugno del 1944.

In seguito, fu inviato al Military Intelligence Training Center presso Camp Ritchie, Maryland. I tre mesi di addestramento lo avrebbero preparato alla carriera militare che lo occupò nelle due decadi successive. In questo programma specializzato, immigrati e rifugiati fluenti nelle lingue europee diventavano parte del CIC ovvero le truppe anti spionaggio.

Conosciuti come "I Ragazzi Ritchie", utilizzavano le tecniche apprese per collezionare informazioni per gli alleati europei in guerra. Duemiladuecento di loro erano ebrei. Il compito di mio padre era quello di trovare e arrestare ufficiali nazisti.

Nell'agosto del 1944, mio padre fu inviato oltreoceano come uno fra altri ufficiali americani assegnato alla squadra di intelligenza strategica britannica in Inghilterra. Uno dei loro compiti era quello di interrogare i soldati tedeschi catturati per ottenere informazioni sui loro piani nel continente. Nel dicembre dello stesso anno, mio padre fu inviato in Germania per continuare le attività di spionaggio tedesco.

Mio padre non praticò mai alcuna tortura. Diceva che le sigarette e una tazza di caffè erano gli strumenti migliori per estorcere informazioni. I prigionieri che non volevano collaborare venivano minacciati di essere spediti nei campi militari russi. Era la loro più grande paura e li portava, in genere, a rivelare tutto quel che sapevano. I prigionieri non sapevano che gli Alleati non li avrebbero mai consegnati nelle mani russe. Questa tattica era uno dei giochi psicologici applicati dai Ritchie.

Immagino mio padre, a quel punto capitano, attraversare la città dentro una jeep, domandando ed interrogando, arrestando soldati tedeschi e uomini in vestiti civili, alla ricerca di nazisti fra di essi. Questa capacità di distinzione, identificando i veri responsabili (SS, Gestapo e altri corpi tedeschi di potere) e quelli a mala pena colpevoli (soldati semplici in abiti civili, simpatizzanti nazisti, amministratori di basso rango) era una vera sfida per lui.

Mi domando se mio padre abbia mai provato a rintracciare mia nonna a San Donato. Sarebbe stato possibile? In Casa Gaudiello c'era forse un telefono? Sicuramente. In fondo, era stato un hotel.

Immagino il momento in cui mio padre si fosse messo alla ricerca di un telefono con l'idea di chiamare Clara. La sua unità otteneva sempre comode sistemazioni nelle città in cui si muoveva, prendendo il miglior vino. Avrebbe trovato un telefono placcato in oro sulla scrivania in legno intagliato della libreria della villa.

"Hallo, hallo, operatore, ja, vorrei effettuare una chiamata a lunga distanza per Clara Buchsbaum in Casa Gaudiello, San Donato Val di Comino, Italia. Sì, posso aspettare." (suoni di artiglieria sullo sfondo)

Mio padre che ticchetta con le dita sulla scrivania, troppo impaziente per sedersi. I minuti passano. Poi, dopo una lunga attesa sente il rumore della cornetta del telefono che si alza e voci italiane.

"Per favore" grida lui. "Per favore. Clara Buchsbaum. Prego, signora. Mia madre. Clara Buchsbaum. Mia madre."

"Un momento." (rumori e ticchettii sullo sfondo. Il suono di passi veloci). E poi una voce. La sua voce. La voce che conosce dal momento della sua nascita e non che non aveva udito per cinque anni.

"Mutti. Mutti."

"Hans? Hans! Hansele. Oh, mio figlio! Oh, il mio bambino prezioso!"

"Mutti, sono da qualche parte in Germania. La guerra finirà presto. Stiamo vincendo. Aspetta, Mutti. Aspettami. Verrò a cercarti quando la guerra sarà finita."

"Oh, mio Hansel. Mio caro. Il mio bimbo d'oro."

E poi la linea cade.

Mio padre prova a smuovere il telefono a colpi, cercando di ricontattare l'operatore.

"Bitte. Bitte. Operatore. Operatore."

Si copre il viso con le mani.

È stato breve.

È stato tutto.

Nel luglio del 1945, qualche mese dopo la fine della Seconda Guerra Mondiale in Europa, mio padre che si trovava a Norimberga, Germania, prese in prestito una jeep e fece ritorno ad Ostrava, Cecoslovacchia.

Ottenne il permesso di lasciare il posto in qualità di Capo della Sezione di Documentazione nell'ufficio della magistratura americana, durante i processi di Norimberga, alla ricerca della sua famiglia.

L'amato fratello di Clara, Norbert e la loro sorella Sidonia, sopravvissero alla guerra. Miracolosamente, Norbert riuscì a saltar giù da un treno diretto ad Auschwitz. Sua moglie, Annie, lo aiutò a restar nascosto. Dopo un po' di tempo riuscì a riprendere la sua vita presso Theresienstadt. Sua sorella Sidona viveva in Romania con sua figlia.

Norbert e Annie Babad con un bambino sconosciuto

Fu Norbert a comunicare che Clara fu vista, per l'ultima volta, entrare in una camera a gas ad Auschwitz-Birkenau il 30 settembre 1944. Un testimone registrò la notizia presso il comune di Ostrava alla fine della guerra.

Quale fu la prima reazione di mio padre nell'istante in cui Norbert gli comunicò la terribile morte di Clara? Come si sente un figlio tanto amato nell'apprendere la morte della propria madre? Soffocare col gas. Aggrapparsi alla persona vicino a sé alla ricerca di ossigeno. Il collasso del corpo morbido della madre, una donna che lo amò in modo assoluto dal primo momento in cui venne al mondo. La madre che lui non riuscì a portare in salvo. Durante il viaggio di ritorno a Norimberga, avrà accostato la jeep per piangere? Avrà mantenuto la sua maschera da soldato? Come deve essere stato convivere con un tale dolore?

Mio padre voleva condannare tutti i nazisti. Si immerse completamente nella documentazione necessaria per i processi di Norimberga mentre mia madre insisteva perché tornasse a casa. Lui fece ritorno negli Stati Uniti nel luglio del 1946, più di due mesi prima della fine dei processi, in ottobre. Fu reticente? Io credo di sì.

Andava molto fiero del lavoro svolto durante quel periodo, quando i suoi compiti includevano la traduzione dei documenti scritti in tedesco, interrogare e catturare i nazisti.

5 GUERRE PRIVATE (1952-1996)

Washington, DC - Germania - New York

1953 - 1960

Sogno ancora ad occhi aperti la mia Oma Clara, morta il 30 settembre del 1944, tre mesi e sette giorni prima che io nascessi in Washington, D.C. Mi chiedo quale saggezza mi avrebbe trasmesso, alla sua più giovane nipote.

Sarebbe grata di sapere quanto vivacemente i miei occhi blu ricordino quelli di mio padre, il suo prezioso Hannesl. Sulla mia scrivania c'è un ritratto fotografico di mia nonna con una lunga collana di perle e un'avvolgente pelliccia che lascia intravedere le spalle nude e forse una scollatura sul petto. Discreto e nondimeno sensuale. La sua espressione è seria, secondo lo stile dei primi anni '90, prima che la modernità associasse il sorriso alla bellezza.

Clara Buchsbaum

Gretl e Hans

Un altro ritratto di famiglia, invece, mostra mio padre accovacciato contro le spalle di Gretl. Mio padre doveva avere circa otto anni. Sembrano pensierosi e fin troppo seri per essere dei bambini. Diverse istantanee trovate nella scatola di fotografie della famiglia Buchsbaum rivelano sorrisi e occhiatine piene di amore e malizia.

Uno dei più grandi regali che mio padre mi abbia fatto è la sua famiglia, inglobata nella mia memoria attraverso queste fotografie in bianco e nero e le sue storie della buonanotte. Anni prima che il termine "Olocausto" entrasse a far parte del mio vocabolario, mi crogiolavo immaginandomi nell'abbraccio della famiglia Buchsbaum, sicura che mi avrebbero amata come io amavo loro. Nel modo in cui i bambini considerano vere le favole, io immaginavo di parlare e giocare fra quei miei parenti che vedevo nelle foto. Non aveva importanza che quelle fotografie fossero state scattate prima ancora che io nascessi. Sin dall'inizio, la loro storia era anche la mia.

In quanto figlia unica, desiderosa di una sorella e di una nonna, ho assorbito le storie della famiglia di mio padre attraverso la mia pelle. Ma non ero ancora abbastanza grande da capire la differenza generazionale. Nella mia immaginazione, Gretl era la mia sorella maggiore e sua figlia, Zuzana o "Susi", era diventata la sorella minore. Credevo di conoscerle e di parlarvi nell'inglese con inflessione tedesca che immaginavo parlassero. Questa fantasia attenuava il mio bisogno di una famiglia più grande e soddisfava la mia idea romantica del posto che occupavo nell'universo.

Setacciando le foto di mio padre e sua sorella nei loro coordinati vestiti marinareschi - mio padre Hans, biondo e coscienzioso, e Gretl, affascinante e misteriosa con i suoi occhi scuri e i ricci attorcigliati, immaginavo di giocare insieme a loro sul tappeto orientale blu della camera di Gretl. Susi, nata nel 1931, faceva parte del nostro piccolo trio al femminile, avremmo giocato con le nostre bambole. Nella mia fantasia, loro mi avrebbero chiamata

Liebchen e mi avrebbero rimboccato le coperte in un letto a baldacchino con regali tendaggi vellutati di colore blu. La cugina Susi ed io, ci saremmo vestite con gli abiti eleganti della Oma Clara per i nostri pomeriggi in eleganti caffè europei. Qualche volta, avremmo indossato lunghe collane di perle al collo fingendo di andare al Schönbrunn Palace di Vienna ad inchinarci davanti all'imperatore e all'imperatrice.

Gretl e Hans

Fantasticavo che avremmo vissuto insieme, probabilmente in una villa in pietra e che Clara sarebbe stata la nostra regina madre, vegliando su di noi, elargendoci amore e armonia. In quanto a stile, la immaginavo una maestra della diplomazia e, allo stesso tempo, una fiera partigiana nei confronti della famiglia.

Volevo essere una di quelle bambine vestite di seta e merletti e, poi, ballare il valzer in eleganti sale con uomini come mio padre. Ancora oggi, mi capita di indugiare in quella fantasia. Possiedo un lungo filo di perle barocche che faccio finta appartenesse a mia nonna. Nelle rare occasioni in cui lo indosso, immagino di diventare Clara che entra nel teatro dell'opera di Praga o Vienna, indossando lunghi guanti e una stola di pelliccia.

Scrivendo della famiglia di mio padre, i suoi membri diventano ancora più vividi, escono fuori dalle cornici di legno che contengono le loro foto e salgono sul palco della mia mente. Immagino di sfogliare vignette e scene che fanno luce sulla complessità dei loro atteggiamenti, personalità e relazioni.

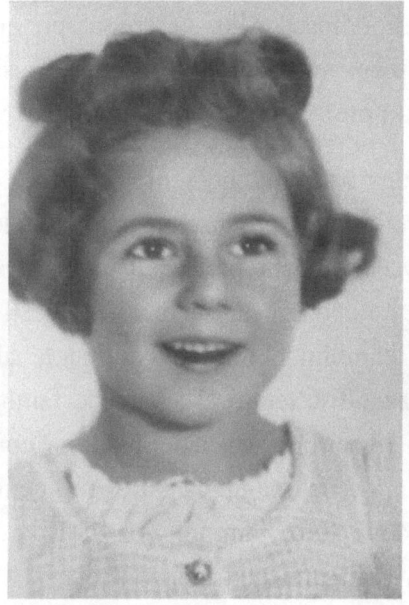

Zuzana (Susi) Spitzer

Tutti adoravano e stravedevano per Susi, l'unica nipote. Le foto mostrano una piccola ragazzina felice con biondi ricci, ora sugli scii ad una tenera età, ora nella scuola materna o sul grembo di Oma Clara. Desideravo disperatamente Susi come compagna di giochi e allo stesso tempo mi sentivo gelosa e competitiva nei suoi confronti. Iniziò a sciare a cinque anni ed entro i dieci era già un genio della matematica. Secondo mio padre, io avevo un blocco in matematica. I compiti in quella materia, per me, erano un incubo e terminavano con pianti e capricci. Mi piace pensare che fossi una bambina propensa alla letteratura, eccellente nella lettura, nello spelling e nella scrittura ma la mia inettitudine nella matematica mi ha sempre impossibilitato di diventare la prima della classe.

Il confronto con i miei coetanei mi ha sempre perseguitato nella mia infanzia, al punto che persino una fotografia poteva accendere quelle sensazioni odiose. Allo stesso tempo quando in quelle vampate di emozioni mi ricordavo di come Susi fosse morta in guerra provavo un profondo senso di vergogna e rimorso.

Sin da che ero una bambina, ho sempre sperato che i genitori di Susi, Hugo e Gretl, l'avessero lasciata su un Kindertransport e che fosse ancora viva in qualche parte dell'Inghilterra o della Scozia, aspettando che l'andassi a cercare. Questi treni speciali trasportavano i bambini ebrei dal continente alle Isole Inglesi dove venivano accolti e tenuti al sicuro da famiglie di volontari. Alcuni bambini riuscirono a rincongiungersi con i loro genitori dopo la guerra. Ma la maggior parte dei genitori non fecero ritorno, lasciando i loro bambini con il ricordo di un saluto sbrigativo mentre salivano sui treni.

Fino al 1996 mi sono chiesta come mio papà, tanto brillante e forte, non fosse riuscito a trovare Gretl e Susi dopo la guerra. Forse non tentò abbastanza. Anche dopo che mi spiegò tutto quel che fece per cercarle, con avvisi alle organizzazioni dei rifugiati e ai gruppi dei sopravvissuti, io non riuscivo a smettere di sperare.

Per molto tempo ho creduto che mio padre nutrisse un filo di sprezzo nei confronti di Gretl, che una volta definì sbrigativamente come una ragazza da "chiacchiere al bar". Lei non frequentò l'università, e prima che sposasse l'affascinante e di successo Hugo Spitzer, probabilmente spendeva il suo tempo fra gli amici e lo shopping e magari seguiva la nonna, in treno, per giornate di compere a Praga e a Vienna. Attività che mio padre considerava inutile e vana.

Gretl, Hugo e Susi rimasero in contatto con mio padre per corrispondenza dopo che lui lasciò Ostrava e si rifugiò in Inghilterra. Le lettere mostrano un forte legame affettivo che nutriva l'idea degli Spitzer di emigrare. Tuttavia, il loro sforzo nel rendere quell'azione possibile sembra opinabile.

Gretl e Hugo Spitzer

Allo stesso modo, Hugo non era consapevole della necessità di fuggire via e trovò un impiego simile alla sua posizione manageriale nella Vítkovice Iron Works. Nelle sue lettere a mio padre e a Benjamin Buchsbaum in Philadelphia, si vantava del suo impiego. Inviò il suo curriculum vitae fino a Canberra, Australia. Sembra che Hugo si affidasse a coloro che erano già andati via. Quel che stupisce delle lettere di Gretl e Hugo è la mancanza d'urgenza, tanto che Gretl scrisse ad un certo punto, "Non è conveniente per Hugo partire al momento."

Arrivarono, poi, notizie del trasferimento degli Spitzer da Ostrava alla campagna circostante, dove Gretl trascorreva il suo tempo sferruzzando a maglia e dove Hugo mise su una compagnia di costruzioni. Ovviamente, non vivevano più nel comodo appartamento al numero 24 di Střelnice, una zona molto in voga della città. Hugo perse il lavoro quando tutti gli ebrei vennero licenziati alla Vítkovice Iron Works, perdendo, inoltre, la pensione e tutti i suoi benefici. La famiglia si convertì al cattolicesimo, non per motivi religiosi ma nella speranza che i tedeschi li avrebbero lasciati in pace. Grazie alla conversione avrebbero potuto emigrare in Palestina, come altri rifugiati. Avranno mai considerato questa opzione?

Gretl e Hugo gioirono alla notizia che mio padre riuscì a raggiungere Philadelphia e sperarono che Ben portasse lì anche loro. Susi aggiunse in una delle lettere di Gretl la sua emozione nel conoscere sua cugina "Jane" (Jean in realtà), la figlia di Ben e sua moglie Katherine.

Caro zio Jonny!

Mi manchi tanto. Spero di vedere Jane molto presto. Com'era la sua pagella? Io ne ho ricevuta una buona. Ho trascorso tutto il giorno a giocare nel giardino della scuola.

Tanti baci, Tua Susi

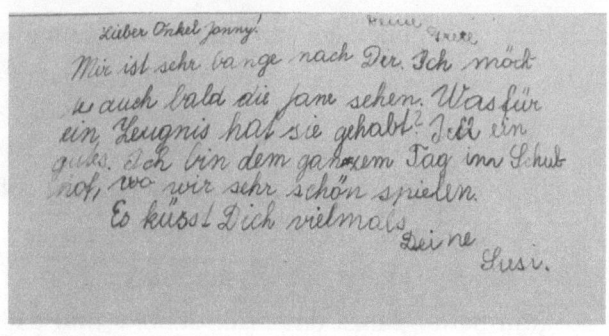

Il 26 ottobre del 1941, Hugo scrisse:

Carissimo Jonny!

La tua lettera del 10/12 ci ha reso davvero felici; ti pensiamo e parliamo di voi molto spesso sperando che i tuoi sforzi riescano a ricongiungerci con successo. Siamo davvero grati per il tuo duro lavoro nei nostri confronti; saresti senz'altro utile anche qui da noi. Una volta ottenuto il permesso d'entrata, nulla dovrebbe impedirci di lasciare il Paese.

Hugo non sembrava rendersi conto che ottenere quel permesso era complicato se non impossibile. Poco tempo dopo aver spedito questa lettera, la legge di immigrazione statunitense impose almeno tre anni di attesa per la concessione del permesso.

Il fratello, Leo Spitzer, conosciuto come Laschi, riuscì a raggiungere New York e mantenere lì il suo lavoro di consulente finanziario e contabile per la famiglia Rothschild. Eppure, egli rifiutò di aiutare Hugo e la sua famiglia nella ricerca di un nuovo lavoro, cosa che sarebbe stata più che naturale date le sue sicure risorse.

Laschi non riusciva a concepire che mio padre, negli Stati Uniti, non avesse neanche un soldo e dipendesse del tutto da Ben Buchsbaum sia per l'alloggio che per il vitto prima che iniziasse a lavorare. "Sei un uomo ricco," Leo disse a mio padre. "Aiutali tu." Gli Spitzer, sterminati un anno dopo che Hugo scrisse a proposito del permesso d'entrata, non avrebbero avuto tre anni d'attesa.

Non credo che mio padre fosse a conoscenza dei particolari della loro morte sebbene scrisse in un documento, dopo la fine della guerra, che persero la vita prima di sua madre. Forse fu lo zio Norbert ad informarlo. Senza ombra di dubbio, mio padre e suo cugino Ben Buchsbaum fecero tutto quel che poterono per salvare Clara, Hugo, Gretl e Susi prima che l'Olocausto consumasse la loro bellissima famiglia.

Solo dal 1960 mio padre tagliò i suoi rapporti con Laschi e sua moglie Susi, che godevano di una vita lussuriosa in un appartamento con vista sul fiume nell'Upper East Side di Manhattan.

Sono sicura che quel gesto tardivo servì a mio padre per lasciar andare qualsiasi senso di colpa che potesse sentire nell'associazione fra Hugo e il suo fratello egoista e indifferente. Forse nessuna cifra avrebbe potuto salvare la vita di Hugo, Gretl e Susi ma io stessa ho sempre percepito, sin da adolescente, una certa ostilità nei nostri rapporti con gli Spitzer.

Nella mia speranzosa immaginazione, oggi, vedo Susi ancora viva a Londra. Prima la ritrovo in un vecchio numero del TIME, in un articolo che la menziona come parte di una squadra alle prese con una competizione su una qualche teoria economica. Non so né della fattoria nel nord della Scozia né del dottorato alla School of Economics di Londra. Mia cugina Susi è sorpresa, senza parole in realtà, quando riesco a rintracciarla per telefono nel suo appartamento di Londra. Sebbene ricordi di un suo zio partito per l'America, non sa della mia esistenza.

"Sono anni che aspetto notizie da qualcuno", lei dice, con un accento nella voce che non riesco ad identificare. "Quasi tutta la mia vita." Il suo tono sembra meravigliato nel realizzare solo in quel momento il passare del tempo, sette decadi.

"Ti cerco da quando ero una bambina," rispondo io. "Sei stata la mia prima eroina e morivo dalla voglia di conoscerti."

Ci mettiamo d'accordo per incontrarci per un tè al Brown's, uno storico hotel frequentato dagli intellettuali di Londra. In stile Virginia Woolf. Sto forse cercando di fare una bella figura con mia cugina proponendo questo posto?

Il giorno successivo ci incontriamo. Nella mia borsetta ho l'articolo e alcune fotografie. Non mi sorprendo nel vedere mia cugina in tutta la sua eleganza. È alta e magra, indossa dei pantaloni di cashmere color crema e un giacchetto a dolcevita coordinato. I suoi capelli biondo argenteo ricordano ancora i ricci dell'infanzia. Mia cugina mostra almeno quindici anni in meno rispetto ai suoi ottantacinque.

Susi racconta la sua storia. I suoi genitori riuscirono, infine, a farla salire sull'ultimo Kindertransport dalla Cecoslovacchia e le promisero di andarla a riprendere dopo la guerra. Quando aveva undici anni fu adottata da una grande e gentile famiglia.

"Mi hanno adottata una volta finita la guerra" dice, esitando, "ma io non volevo perdere la mia identità, il contatto con la mia famiglia. Dopo qualche anno, ho accettato la loro morte ma io mi sentivo ancora una di loro. Sono, ancora, tutto per me."

Prendo la mia borsa e il contenitore con le foto si apre sulla tovaglia bianca. Lei prende le foto che la ritraggono a otto anni, prima che la guerra iniziasse, sorridente e spensierata. Le sue dita sfiorano la foto, scattata qualche anno prima, che ritrae tre *generazioni - Oma Clara, sua madre Gretl e Susi sul grembo della Oma. Il grembo della nostra Oma. Famiglia. Tre generazioni unite dall'amore. Lacrime scendono dai suoi occhi e lei non si preoccupa di asciugarli.*

"Vedi, alla fine sono tornati indietro, Proprio come mi promisero."

La sua mano tremante prende la mia.

"Mia carissima Barbara, mia cara, cara cugina, sei il regalo di questo giorno. Sei la messaggera che mi ha portato indietro la famiglia perduta. Tutte queste fotografie. È un miracolo."

Cerco nella borsa il mio fazzoletto e sento un'apertura cosmica, un'espansione dall'alto. Sono dovuta venire a Londra inseguendo i miei bisogni infantili, alla ricerca della mia famiglia, mai pensando che potessi essere io il regalo. Restiamo sedute in silenzio. C'è così tanto da raccontarsi ma una sensazione di pienezza ci avvolge.

* * *

Nel 1953, otto anni dopo la fine della Seconda Guerra Mondiale, mi sono trasferita da Washington, D.C., a Heidelberg, in Germania, con mio padre e mia madre. Avevo otto anni. Ci spostavamo ovunque la carriera di mio padre, da diciotto anni ufficiale dell'esercito, richiedesse. Dopo tre anni in Heidelberg, ci siamo trasferiti a New York e poi a Baltimore per un anno e, quando avevo quindici anni, a Berlino, in Germania.

In quegli anni, ricordo la sensazione della sua soffice giacca di lana contro la mia guancia. L'odore del tabacco della sua pipa Dunhill e del dopobarba Yardley che mi avvolgevano in un manto di sicurezza. Ci amavamo tanto. Poteva arrabbiarsi, ma raramente con le persone che amava e molto spesso con i leader politici mondiali per le loro pessime decisioni che ponevano in pericolo la pace fra gli Stati o la sovranità americana. In quei momenti la sua pipa si trasformava in una bacchetta che enfatizzava i suoi discorsi. Mio padre era la maggior parte delle volte irremovibile. Alcuni lo consideravano arrogante.

Mi rendevo conto già da bambina che la sua immensa capacità di amare me, mia madre e i nostri cani derivava dal profondo sentimento trasmessogli da sua madre. Una tale devozione non si sviluppa per caso.

Nella nostra strada verso Heidelberg, ricordo di aver visto edifici bombardati senza la facciata. Ancora sento lo shock di una tale devastazione a sole poche miglia da dove vivevamo. Temevo per la nostra sicurezza e, spesso, non riuscivo a dormire. I miei genitori mi rassicuravano dicendomi che la guerra era ormai finita ma io sentivo che quella distruzione era più grande e potente di qualsiasi persona al mondo.

Gli anni trascorsi in Heidelberg, dai miei sette ai miei dieci anni, erano un misto di emozionanti opportunità e nuove paure che sentivo crescere dentro di me.

Durante quel periodo ho appreso la perdita della famiglia di mio padre. Sapevo già cosa significassero le parole campo di concentramento? Camere gas? Non saprei dirlo.

Sapevo già che i parenti nelle fotografie erano morti durante la guerra e, in quel periodo, capii che era stato per mano dei nazisti. Qualcuno deve avermi detto che mia nonna morì ad Auschwitz ma non ricordo il come né il quando. L'enfasi di quelle storie era posta sulle vite emozionanti della famiglia e sulle rassicurazioni di mio padre, sul fatto che tutti loro mi avrebbero amata.

L'autrice e i suoi genitori

Mio padre non era evasivo o silente riguardo i traumi e le perdite della sua famiglia. Eppure, penso che egli fosse molto cauto nei suoi racconti in quanto io ero una bambina molto sensibile ed emotiva. Non voleva traumatizzarmi. I bambini, però, assorbono facilmente informazioni e diventano presto degli esperti metereologi in grado di capire l'atmosfera emozionale degli adulti che hanno intorno. Sapevo che, in qualche modo, la mia famiglia era diversa perché eravamo ebrei e mio padre parlava con un accento diverso. Nei nostri anni ad Heidelberg sono diventata cosciente della mia identità ebraica. Non c'era nessun altro bambino ebreo nella mia scuola, al tempo.

I miei compagni di classe mi chiedevano, "Cosa sei tu? Protestante o cattolica?" la mia mandibola entrava in tensione quando cercavo di pronunciare il suono della "J". Arrossivo dalla vergogna per il mio essere ebrea e allo stesso tempo mi sentivo in colpa nei confronti di quel sentimento. Essere diversa voleva dire essere inferiore? L'ho seriamente preso in considerazione, dieci anni dopo, quando ho imparato che le ragazze ebree non potevano essere debuttanti né unirsi alla Junior League.

Una volta, la mia vicina in Heidelberg, Jeannie Jackson, mi diede un calcio sugli stinchi con le sue enormi scarpe di cuoio dicendomi disgustata, "Tuo padre dovrebbe essere cacciato via dall'esercito e ucciso perché è ebreo." Corsi a casa piangendo. Ho davvero pensato potessi perdere mio padre, il mio angelo custode, la mia stabilità. Una vita senza di lui era impensabile.

Quello è stato il primo di tutta una serie di episodi di antisemitismo della mia infanzia, causa di decenni di insicurezza sull'essere ebrea.

"Porgi l'altra guancia," era il consiglio di mia madre. "Non lasciar vedere che ti interessano i loro giudizi." Mia madre considerava le mie reazioni la prova di una sorta di autocommiserazione. Forse aveva ragione. Mentre ribollivo di rabbia e cercavo di mostrarmi superiore rispetto ai miei compagni di classe, venivo ferita da quelle parole. Le parole d'odio fanno male e, se non tenute sotto controllo, possono portare ad azioni violente.

In quanto americana, credo che mia madre si sentisse disorientata in Heidelberg, così lontana da suo padre e dalle sue due sorelle negli Stati Uniti. Inoltre, il trasferimento oltreoceano fece riemergere sentimenti depressivi. La ricordo suonare i valzer di Chopin al piano, nei bui pomeriggi invernali, ora dopo ora, e leggere romanzi seduta sul letto e fumando sigarette Chesterfield, una dopo l'altra.

Solo una volta diventata adulta, ho compreso che mia madre subì un grave trauma quando aveva solamente cinque anni: sua madre morì suicida. L'evento, oltre la perdita di sua madre, le lasciò un velo di tristezza. Sebbene, lei fosse una madre e una compagna meravigliosa, capace di arguzia e fantasia, sui suoi grandi occhi grigi gravava il distante e sconsolato sguardo di un bambino abbandonato.

Nonostante le sue paure e ansie, mia madre mi insegnò a prendere il tram cosicché potessi andare a lezione di danza da sola. Mi portava a fare compere in Hauptstrasse (la strada principale). In un negozio simile a Woolworths, comprammo piccoli vasetti, pentole e piatti per la mia cucina giocattolo. Frutta e verdura a misura di bambola fatti di marzapane, una speciale caramella alle mandorle molto famosa in Germania. Non mi è mai piaciuto il sapore.

Uno dei nostri passatempi preferiti era aprire l'album fotografico della famiglia di mio padre. Osservavo mia zia Gretl e i cambi di pettinatura dei suoi capelli, prima lunghi e ricci poi corti e lisci. Guardavo Susi e i suoi ricci biondi e sentivo ribollire l'invidia. Io avevo capelli lisci e crespi, ottimi per le treccine, mia madre provò a trasformarli in ricci con una pessima permanente. In cuor mio sapevo che i ricci erano più belli. Io e mia madre discutevamo spesso sui miei abiti e pettinature. Mi imponeva di indossare guanti bianchi e cappello nel Tempio.

Ogni venerdì andavamo alla funzione del Sabbath. La domenica mattina frequentavo la scuola domenicale mentre i miei genitori banchettavano con i bagels e giocavano a scarabeo o a bridge. Non eravamo in una sinagoga, più che altro uno spazio in un edificio riservato alle famiglie ebraiche nell'esercito. Ero così felice quando tutte le famiglie si riunivano il venerdì sera e la domenica. Ho imparato le storie della Bibbia nell'Antico Testamento. Per il Purim mi vestivo come la regina della Pasqua, con una toga fatta con lenzuola bianche. Indossavo anche una corona dorata. Stare insieme ad altri bambini ebrei mi faceva sentire a mio agio.

A volte, nel fine settimana, io, mio padre e il nostro boxer, Becky, passeggiavamo attraverso i boschi fino allo *Schloss* (il castello), che sormontava la città. Prima che ci trasferissimo dal nostro appartamento ad Arlington, Virginia, a Heidelberg avevo molta paura dei cani. Mio padre mi promise che avremmo preso un cucciolo una volta in Germania. Mi disse che l'avrei amata e che avrei imparato a prendermi cura di lei e, alla fine, non avrei più avuto paura dei cani. Così come promise, mi sono trasformata in un'amante dei cani.

Le passeggiate con mio papà e le nostre conversazioni mentre salivamo la collina verso lo Schloss, rafforzarono e solidificarono il nostro rapporto. Cinque anni prima, quando mia madre fu ospedalizzata per un breve periodo a causa della sua depressione, mio padre divenne, ai miei occhi, il genitore più stabile a affidabile.

Durante quel periodo, giocavo spesso con la mia prima amica, Diane, nell'appartamento della sua famiglia che si trovava dall'altra parte del corridoio rispetto al nostro. Sua nonna, che ci introdusse ai primi lavoretti a mano, si prendeva cura di noi. Eppure, il mio orecchio era sempre attento a sentire i passi di mio padre mentre saliva le scale. Ogni sera mi lanciavo fra le sue braccia mentre lui mi sollevava in un grande abbraccio.

"Come sta la mia piccola gattina?" avrebbe chiesto. Io, allora, avrei adagiato la mia guancia sulla giacca di lana della sua uniforme respirando il suo odore. Avevo cinque anni e, con mio padre, riuscivo a sentirmi sicura fino al midollo, una sensazione che è rimasta fino alla sua morte, nel 1988. Il suo amore e supporto assoluto, ereditato da sua madre Clara e tramandato a me, è evidente anche nella pazienza e tenerezza che mio figlio Andrew mostra nei confronti dei suoi figli. Asher ed Elia.

Gli anni in Heidelberg hanno portato opportunità che si sono trasformate in enormi regali che hanno dato forma alla mia vita. Ho studiato danza con Madame Tatiana Savitskaya, una rifugiata russa di Kiev, nell'Unione Sovietica. Quando l'esercito sovietico marciò verso ovest, attraverso l'Europa dell'Est, durante gli ultimi mesi della guerra, Madame riuscì ad anticiparli, trovando rifugio ad Heidelberg. Qui la ballerina professionale aprì una scuola dove le ragazze tedesche e, poi, le figlie degli ufficiali dell'esercito americano, potevano apprendere le fondamenta del balletto classico. Anche se le madri tedesche provavano del risentimento verso quegli americani privilegiati, non ci furono mai episodi di discordia. Una di loro cucì dei costumi per le nostre recite.

Desideroso di trasmettermi anche la passione per i cavalli, mio padre riuscì a predisporre lezioni di equitazione presso un maneggio gestito da un anziano soldato a cavallo prussiano che indossava un monocolo. Alla fine della prima lezione, l'istruttore mi insegnò a scendere da cavallo facendo una capriola all'indietro. Da allora ogni lezione terminò in quel modo. Presto riuscii a cavalcare senza tenere le redini - questa fu un'altra opportunità che mi aiutò ad avere fiducia in me stessa. Credo che mio padre volesse trasmettermi il suo atteggiamento di apertura nei confronti della vita e delle nuove esperienze. Forse, anche per temprare l'impatto dell'ansiosa depressione di mia madre che determinò il suo modo di stare al mondo. Per quasi cinquant'anni non seppi che anche mio nonno soffrì di depressione.

Sia mia nonna che mio nonno morirono prima che io nascessi. Quando chiesi a mio padre come mai alcuni ebrei non credevano nell'al di là, lui mi rispose che dopo la morte continuiamo a vivere nei ricordi delle persone che ci hanno amato. "Questa è la nostra immortalità," mi disse lui. Ho abbracciato il potere del ricordo della mia famiglia da che ero molto piccola.

Quando avevo circa dieci anni, mio padre iniziò a farmi usare la sua nera macchina da scrivere portatile Royal. Mi insegnò a cambiare il nastro e pulire le chiavi. Mio padre ottenne una laurea in Giurisprudenza alla Charles University di Praga utilizzando quella macchina da scrivere. Quella vecchia Royal ne aveva di storia: una volta arrivato in America, mio padre fece cambiare le lettere con quelle inglesi ma lasciò gli accenti cechi sulla prima riga, sopra quella dei numeri. Lo accompagnò durante i tre anni di corsi per il suo dottorato in storia presso la Georgetown University.

Mio padre mi insegnò a modellare la mia prosa come uno scultore dà forma all'argilla. Mi ha trasmesso il piacere e la sfida di trasformare i pensieri in un linguaggio precisamente scelto. Diceva che c'è sempre un modo migliore per dire qualcosa. Ho imparato, allora, che le parole e i mezzi che usiamo per registrarle sono agenti di trasformazione.

La determinazione dei miei genitori nel non farmi mancare nulla mi ha reso una bambina privilegiata. Le opportunità che mi hanno garantito nella nostra permanenza in Heidelberg - le lezioni di ballo, pattinaggio sul ghiaccio, piano ed equitazione - furono possibili grazie all'economia tedesca dopo la guerra.

I miei genitori furono abbondantemente generosi, dandomi molto più di quel che molti dei genitori dei miei coetanei fornirono loro. La loro generosità in tempo e sforzi, affetto, incoraggiamento e benessere non vacillò mai.

Una volta lasciata l'Europa nel 1955, studiai danza presso la George Balanchine's School of American Ballet di New York esibendomi per due anni nel Nutcracker, nel centro città. I miei genitori non si sono mai lamentati di dovermi riportare a casa dopo gli spettacoli in tarda serata. Così tanto amore. "Se sei felice tu, siamo felici anche noi," cantilenava mio padre. "Sei il centro delle nostre vite."

Con tutto il loro amore, come avrei mai potuto confidare le mie paure ai miei genitori? Come avrei potuto farli preoccupare anche solo per un momento? Avevo incubi e un tic facciale. Avevo problemi con l'essere popolare e complessi sul non essere mai abbastanza intelligente o carina. Mi sentivo sempre così spaventata e non riuscivo a dirglielo perché non volevo pesare su di loro.

Continuavo a vergognarmi del mio essere ebrea e ciò mi portava a vergognarmi di me stessa. Ero una bambina insicura così diventai competitiva e una leader per i miei coetanei. Nondimeno, mi sentivo intrappolata nel confronto con le altre ragazze che ritenevo più intelligenti e più belle di me.

Per me, l'amore diventò un obbligo ad essere felice. C'è così tanta pressione nell'essere perfetti quando la felicità dei propri genitori dipende da te. Ero incastrata nella dipendenza dai miei genitori; il loro amore era il mio ossigeno. Contemporaneamente, ero costantemente alla ricerca di libertà. In Heidelberg, pedalavo follemente sulla mia bici, quasi sempre sui marciapiedi, adorando la sensazione del vento sul mio viso. Mi arrampicavo sugli alberi ignorando le preghiere di mie madre che voleva tornassi a casa. "Barrrrbie! Barrrrbie!" mi chiamava. "È ora di tornare a casa." Correvo veloce come il vento fino a sentire i polmoni bruciare. Questi erano i miei modi di fuggire le mie paure e il peso di sentirmi tanto amata - il peso delle preoccupazioni dei miei genitori per la mia salute, il mio benessere, la mia educazione.

Una volta ho persino riempito la mia borsa da ballo, preso Becky al guinzaglio e sono scappata di casa. Camminammo per una strada fangosa che divideva dei campi coltivati. La domenica prima appresi, a scuola, che avremmo dovuto buttare tutto il pane che avevamo in casa per il Passover (la Pasqua ebraica) - ogni mollica. I miei genitori mi dissero che noi non avremmo potuto perché la nostra governante tedesca aveva il diritto di mangiarlo. Dopo che scappai di casa, si aresero. Ci disfammo del pane e spazzammo via le molliche.

Ancora oggi sento gli ambivalenti sentimenti di mia madre nei riguardi dell'ebraismo. Più di una volta la sentii pregare mio padre di cambiare i nostri cognomi in "Barclay" ma lui rifiutò. Lui era orgoglioso di essere ebreo e non lo avrebbe mai negato. Allo stesso tempo, mi tormentavano, "Non gesticolare tanto." Il loro messaggio era "Sii ebrea ma non comportarti come tale." Mi disorientavano.

Mio padre era molto imbarazzato, se non vergognoso, dagli ebrei Hasidic con i loro cappelli alti, le loro lunghe giacche nere e le loro barbe. Non si sentiva uno di loro, probabilmente il sentimento derivava dallo sdegno che nell'Europa dell'Est si nutriva nei confronti degli ebrei. La Cecoslovacchia, per quanto confinante con la Polonia, non aveva alcuna tradizione linguistica né culturale Yiddish. Mio padre e la maggior parte degli ebrei di origine tedesca si sentivano superiori a coloro che proclamavano tanto pubblicamente la loro appartenenza alla religione ebraica con i loro abiti, la loro lingua e le pratiche religiose ortodosse. Questo atteggiamento di mio padre mi imbarazzava.

In casa c'era spesso un'atmosfera molto seria e alcune volte pesante. Mia madre riusciva ad essere divertente, giocosa e solare ma la sua espressione rifletteva anche l'abbandono che subì nel profondo del suo animo. Come se chiedesse: Qual è il mio posto? Dove appartengo? Compensava il suo spaesamento con il suo ben vestire e con il suo trucco applicato tanto accuratamente. Il venerdì curava i suoi capelli e le sue unghie, smaltate di rosso con delle perfette cuticole a semiluna. Lei era elegante. Le sue due sorelle la definivano "brillante". Tutte e tre vestivano abiti Chanel e indossavano lunghe collane di perle attorno al collo, abbinate ad orecchini di perle oppure dorati.

Durante la mia infanzia ho assimilato il senso di non appartenenza di mia madre, si annodava con l'incertezza per la mia identità ebraica. Mentre la voce di mio padre mi faceva sentire amata e sicura, i miei compagni di classe americani mi facevano notare il suo strano accento, ovunque vivessimo. "Sei ebrea?"chiedevano.

Volevo appartenere a qualcosa, essere come loro e diversa allo stesso tempo. Ero una piccola ballerina esibizionista, una snob. Loro, invece, dei filistini che non avevano mai ascoltato musica classica o assistito ad un'opera teatrale o ad un balletto. Mio padre aveva due dottorati e parlava almeno tre lingue. Ad ogni vacanza visitavamo Paesi diversi. Eppure, le loro domande colpivano sempre i miei punti deboli, "Sei figlia unica? Ah." "Non hai una nonna? Tutti hanno una nonna." "Tuo padre è un nazista? Parla proprio come un nazista." Le mie dita finirono intorno al collo dell ragazza che mi fece quella domanda. Una rabbia bollente mi consumò. Le feci sbattere la testa contro l'asfalto del parco giochi. Come osò? Quel giorno pensai di essere in grado di uccidere. La mia amica Oakley mi scansò via. Avevo otto anni, ero bassa e magra.

Il peso della perdita da entrambe le parti della famiglia, a volte, era palpabile ed era connesso al peso di prendere decisioni. Fare la cosa giusta poteva salvare la vita, come quando mio padre scelse di lasciare la Cecoslovacchia. Pertanto, ogni sua esortazione sembrava aver a che fare con questioni di vita o di morte. Sentivo, allora, la pressione di mio padre nell'avere sempre la risposta giusta in classe, di capire e non fare errori. L'idea di imparare dagli errori non è mai stata un'opzione per me.

Credo che l'urgenza di fare la cosa giusta derivi da mio padre, da mia nonna e dagli Spitzer che non presero il treno per l'Inghilterra durante i tre giorni di permesso senza visto. Richiama la decisione di Clara di non partire per il Sud America perché aveva saputo che lì l'aria sarebbe stata troppo secca per i suoi polmoni. Tutte queste si rivelarono decisioni fatali.

Non ho mai gravato suoi miei genitori con la mia tristezza - le mie paure, la mia vergogna. Sapevo che non avrebbero potuto lenire il mio terrore con il loro benessere. Ad Heidelberg iniziai ad avere incubi ricorrenti. Disturbavano il mio sonno ogni volta che avevo la febbre a causa di un'infezione all'orecchio o del morbillo o qualsiasi altra normale malattia infantile. Ce n'era uno in particolare. Sognavo di essere in un edificio enorme, largo almeno quanto il Colosseo a Roma e chiuso da un tetto. All'interno tutta una serie di scale, corridoi nascosti e vicoli ciechi. Io scappavo via da qualche pericolo, persa e disperata nella mia ricerca di salvezza. Non capivo in quale direzione andavano le scale. Su o giù? Anche solamente descrivere quell'incubo mi incupisce.

Un'altra mia paura era legata alle amputazioni. Dopo la guerra molti uomini tornarono a casa con una sola gamba. Osservarli mi terrificava. Temevo potesse succede ai miei genitori o a me. Quelle immagini perseguitavano i miei pensieri - giorno e notte.

Fuggivo dalle mie paure comportandomi in modo spavaldo - mi appendevo all'in giù sulla barra per le trazioni, mi arrampicavo sugli alberi, pedalavo sulla mia bici più veloce che potevo. Ero il capo del gruppo di ragazze del mio vicinato, decidendo a cosa giocare e chi sarebbe stato il capo, l'insegnante o il direttore. Mettevamo in scena opere, recitavamo all'aperto, giocavamo a fare la famiglia (io ero sempre la più piccola), saltavamo la corda e trascorrevano ore con il gioco della campana.

I bambini con cui andavo d'accordo erano quelli più tranquilli. Erano semplicemente buoni, rilassati e felici che prendessi il comando dei giochi. Si sentivano al sicuro in quel modo. Nella generale capricciosità delle bambine nel parco giochi, Diane, Pam e Oakley erano leali. L'amicizia con Diane ci lega da settant'anni.

Alcuni di questi aspetti hanno continuato a far parte della mia vita anche dopo il trasferimento negli Stati Uniti. Nel 1958, in un nuova scuola nella periferia di Baltimora, gli studenti mi chiesero, "A cosa vuoi unirti? La CGM o la OGC?" Al mio sguardo vuoto, mi spiegarono: "La Comunione Giovanile Metodista o l'Organizzazione Giovanile Cattolica?"

"Nessuna delle due," risposi. "Io sono ebrea."

Improvvisamente, venti studenti della prima superiore mi accerchiarono.

"Cosa volete?" chiesi io.

Loro dissero che durante la scuola domenicale avevano imparato a riconoscere un ebreo. Mi osservarono come a cercare le mie corna e la mia coda. Questo accadde a trentacinque miglia dalla capitale della nostra nazione.

Più tardi appresi che la famiglia di mia madre era solo una delle due famiglie ebree nella sua città. A sedici anni, quando iniziò ad uscire con i suoi coetanei, fu invitata ad un ballo. All'entrata c'era un grande cartello: EBREI E CANI NON SONO AMMESSI. A quel punto disse al suo accompagnatore di voler tornare a casa ma lui protestò "Non si riferiscono a te!" le disse. Lei fu insistente. Sono fiera di mia madre! Quasi un secolo più tardi, voglio celebrare il suo coraggio e la sua determinazione.

Nel 1959 mio padre fu trasferito, di nuovo, in Germania, questa volta a Berlino, per un anno. Truppe sovietiche si erano stanziate a sole poche miglia dalla periferia di Berlino, nel settore russo, erano una perenne minaccia che creava ritmi di vita sostenuti e una certa agitazione nella città. Sebbene Berlino era ancora divisa fra Berlino Ovest (libera e democratica) e Berlino Est (comunista), i residenti di entrambi i settori viaggiavano fra l'uno e l'altro per motivi lavorativi. Il nostro vicino, un insegnante di pianoforte, Herr Pasch, era il pianista dell'Opera di Berlino Est ed era uno di questi pendolari. Mentre molti adolescenti americani attraversavano la Berlino Est con lo S-Bahn, un treno pendolare sopraelevato, mio padre mi proibì di unirmi a loro. Il suo lavoro per lo spionaggio militare e il fatto che prima della Seconda Guerra Mondiale aveva una nazionalità Ceca lo rendevano un possibile target per qualsiasi "incidente" sovietico.

A Berlino mio padre servì l'Allied Staff, un gruppo di ufficiali americani, inglesi e francesi pronti ad intervenire con misure d'emergenza nel caso i sovietici invadessero la Berlino Ovest. Mio padre, che non era ideologicamente legato ai vecchi regimi, accolse con orgoglio la democrazia e gli Stati Uniti; era però legato ad una certa formalità appartenente a delle maniere vecchio stile che gli resero possibile incontrare diplomatici e ufficiali militari di alto livello di altri Paesi. Gli ufficiali dello Allied Staff andavano a cavallo il mercoledì e nei fine settimana vi erano spesso occasioni che promuovevano la socializzazione dei membri del gruppo e le loro mogli, come il Ballo degli Ufficiali organizzato dai francesi.

A volte, durante quell'anno sgattaiolavo fuori casa per incontrare un ragazzo tedesco. Andavamo all' *Eierschale*, o Eggshell, un jazz club. Nel momento in cui salivamo sul tram, mi sentivo ogni volta come se stessi facendo qualcosa di illegale. Stavo tradendo mia nonna, mia zia Gretl e mia cugina Susi. Terminai quell'esperimento di socializzazione internazionale appena mi fu possibile. Nella mia famiglia non avevo mai sentito neanche una parola dispregiativa nei confronti dei tedeschi eppure sentivo di aver commesso un'azione oltraggiosa.

Una domenica, in un brunch organizzato dai miei, a Berlino, fui introdotta al colonnello francese e sua moglie, una viscontessa. Stringere le mani ai membri dell'aristocrazia mi rese esuberante per giorni. Un maggiore inglese e sua moglie avevano un castello in Irlanda. Negli anni diventarono amici stretti dei miei genitori. Ogni volta che ce n'era l'occasione, i miei genitori mi portavano con loro dandomi la possibilità di conoscere i membri dell'esercito e della diplomazia multinazionale della comunità della Berlino Ovest.

Nel maggio del 1960 i russi colpirono un aereo spia americano U-2. Il pilota, Francis Gary Powers, fu catturato e tenuto prigioniero in Russia. Questo incidente internazionale fu imbarazzante per il governo degli Stati Uniti e potenzialmente destabilizzante per le relazioni fra gli americani e i russi.

Il giorno dopo l'incidente era la Giornata dedicata alle Forze Armate. Gli americani organizzarono una grande parata e poi un ricevimento nel giardino del club degli ufficiali. Gli ufficiali sovietici del settore russo della città si unirono agli inglesi, francesi e americani con le loro mogli. La tensione era palpabile. Le mogli russe probabilmente non parlavano neanche inglese oppure era stato vietato loro di socializzare, tutte raccolte sotto un albero, a disagio nei loro vestiti fiorati. Un colonnello russo buttò giù vari bicchierini di vodka mentre spiegava a me e mia madre come gli americani avessero rovinato la vodka mischiandola con il succo di frutta. Il suo sorriso beffardo, trionfante della vittoria sovietica, mi diede un non so che di orrido. Sentivo il braccio di mia madre avvolgermi la vita, avvicinandomi a lei. Non saprei dire chi di noi due fosse più ansiosa, io avevo quindici anni. A parte questi eventi speciali, la mia vita da normale adolescente americana procedeva senza grandi emozioni.

Nel 1961, eravamo di nuovo negli Stati Uniti, tracce di maccartismo ancora resistevano nel nostro governo timoroso che le nuove reclute potessero diventare strumenti dell'Unione Sovietica e rivelare i segreti americani. Nel 1962, mio padre fu chiamato a rispondere ad una domanda cruciale davanti alla Commissione delle Forze Armate degli Stati Uniti, una Commissione Congressuale: gli Stati Uniti dovrebbero istruire le loro forze contro il comunismo? Egli si oppose fortemente a questa possibilità. Mio padre era contro qualsiasi tipo di indottrinamento, credendo che educando i giovani a ragionare autonomamente, analizzando e valutando ogni situazione, li avrebbe dotati della capacità di resistere a qualsiasi forma demagogica o lavaggio del cervello.

Tuttavia, egli credeva anche che l'Unione Sovietica rappresentasse una minaccia per la sicurezza nazionale. Testimoniò che negli Stati Uniti fossero presenti dei nuclei di comunismo, soprattutto intorno a New York. I membri sfruttavano i giovani disillusi che facevano fatica ad inserirsi nella società. Il desiderio di inclusione e accettazione di alcuni giovani emarginati li rendeva vulnerabili alle incursioni dei comunisti.

Mio padre ribadì più volte che la sua competenza non andava oltre le nuove reclute, enfatizzando la sua idea che sarebbe stata l'educazione, non l'indottrinamento, il loro miglior baluardo contro i tentativi delle forze straniere di guadagnare terreno.

Leggendo la sua testimonianza a più di sessant'anni di distanza, mi riporta alla mia adolescenza durante la Guerra Fredda. A scuola avevamo regolarmente prove di evacuazione contro i bombardamenti e locandine che recitavano "Meglio Morto che Rosso". Io e le mie amiche la pensavamo diversamente, avremmo preferito essere rosse. Sono stupita dalle risposte chiare e precise di mio padre, che non diede adito alle provocazioni dei membri della commissione. Sembra che avessero già in programma di proseguire con l'indottrinamento e mio padre, sempre rispettoso, rimase irremovibile nella visione derivata da anni di esperienza come ufficiale dei servizi segreti. Il suo tono era sicuro e pacato.

Mi sorprende, inoltre, sapere che mio padre, da liberale quale era, condivise le sue preoccupazioni sulle infiltrazioni comuniste nella società americana con la commissione. Capisco che le sue competenze erano state affinate da più di vent'anni di problematiche legate alla Guerra Fredda, ma ricordo anche qualche commento sui suoi colleghi: "Vedono i comunisti nascondersi sotto i loro letti." Nonostante mio padre prendesse molto sul serio i tentativi dei sovietici di reclutare giovani, non dubitò mai del buonsenso della maggior parte della gioventù del tempo e della forza e della salute della democrazia americana.

Leggendo le parole di mio padre nel verbale del Congresso ho avuto la percezione di sentire la sua voce, unica, e un profondo senso di nostalgia mi ha avvolto.

Da solo col passato

Negli ultimi anni del 1980, durante il glasnost, sono stati pubblicati dei documenti che l'esercito sovietico riuscì a confiscare durante la Seconda Guerra Mondiale. Furono in grado di prenderli quando il loro esercito si mosse ad ovest, attraverso la Romania, la Polonia, l'Ungheria e la Cecoslovacchia - tutti Paesi occupati dai tedeschi. Da meticolosi accumulatori, i nazisti documentarono tutti i rastrellamenti eseguiti contro gli ebrei e altri "indesiderati", registrando anche le loro ultime destinazioni.

Nel 1990 ho inviato una richiesta alla Croce Rossa Internazionale per avere informazioni sulla sorella di mio padre, Gretl, e la sua famiglia. (Vedi Appendice)

Mi sentivo frustrata e piena di rimorso per non aver mai parlato con mio padre della sua famiglia una volta cresciuta. Nei miei venti e trent'anni, ho cresciuto i miei figli e lavorato a tempo pieno come insegnante. Durante i miei quaranta, ho lavorato alla mia tesi universitaria e ho scritto articoli sul ballo e programmi artistici per il New York Times, nella sezione settimanale del New Jersey. Mio padre portava sempre in tasca quegli articoli per mostrarli ai suoi colleghi nell'accademia e a tutti i vicini che incontrava. Il mio successo da scrittrice lo riempì di piacere e di orgoglio.

Verso la fine della sua vita, mio padre espresse il desiderio che *suo* padre, Ignatz, avesse potuto assistere al successo delle sue tre maggiori carriere - editore, ufficiale dell'esercito americano, professore di Storia alla Pace University. Eppure, non ha mai scritto né raccontato del suicidio di suo padre. Perché? Per vergogna? Voleva proteggermi?

Ovviamente, anche la famiglia di mia madre tenne segreto il suicidio della sua di madre, che portò a cinque anni di quel che gli psicologi definirono malinconia. Più tardi quel termine evolse in depressione maniacale ed è conosciuto, ora, come disordine bipolare.

Una storia di depressione da entrambe le famiglie deve aver rappresentato un carico genetico che preoccupò molto mio padre. Quando parlavamo durante la mia adolescenza, mi diceva sempre che io ero forte come lui e sua madre. Ci ripetevamo che avremmo potuto affrontare qualsiasi sfida della vita, trionfando sopra le delusioni e gli ostacoli, emergendone sempre pieni di energia e sicuri di noi, nella nostra abilità di modellare una vita piena di significato e scopi. Il messaggio sottinteso, ovviamente, era che mia madre era, invece, più fragile.

In ogni caso, egli mi ha anche insegnato a provare compassione per mia madre. Senza dubbio egli si rendeva conto che, a volte, le ricadute depressive di mia madre mi rendevano particolarmente impaziente nei suoi confronti. Nonostante tutto, avevo un rapporto tenero e amoroso con lei. La sua generosità e il suo supporto erano senza limiti. Nondimeno, mi comportavo, a volte, come un'adolescente egoista.

"Cerca di essere comprensiva," mi supplicava mio padre ogni volta che mi vedeva frustrata a causa degli occhi rossi di mia madre o del suo umore facilmente volubile. "Lei non può farci nulla." Ho imparato quelle lezioni col tempo, diventando un'assistente sociale per casi clinici a quarantotto anni e quindi lavorando con molti pazienti affetti da bipolarità.

Le difficoltà di mia madre con la depressione - favorita dalle cattive condizioni del suo cuore e dei suoi polmoni dovute alle sigarette - si trasformarono in veri episodi maniacali che richiesero tre ospedalizzazioni. I suoi ultimi anni sono stati segnati da problemi fisici e psicologici. Mio padre si fece carico dei suoi cambi umorali dal 1969, quando lei manifestò per la prima volta le sue manie, fino alla sua morte. Gli episodi iniziali coincisero con la menopausa di mia madre e la nascita del mio secondogenito, Andrew.

Nei momenti di calma fra i suoi episodi di depressione e mania, mia madre era gloriosa. Dopo la morte di mio padre, lei ha continuato a vivere nella loro casa e a gestire ogni aspetto della sua vita con grazia ed efficienza. I suoi vicini e i commercianti che frequentava l'adoravano per la sua generosità e premura.

Alla fine, io ho imparato ad essere paziente con lei e sono diventata la figura materna nel nostro duo, poiché lei è diventata sempre più emozionalmente dipendente nei suoi ultimi anni. Abbiamo condiviso tanti momenti felici: fine settimana estivi in spiaggia, pranzi settimanali, appuntamenti per fare shopping, spettacoli teatrali a Broadway.

Una sera, trovando mia madre distesa sul pavimento con i suoi stinchi gelati, ho capito che la depressione aveva vinto. Tutta la mia attenzione non era bastata a proteggerla dai suoi impulsi autodistruttivi. Le sue difficoltà fisiche e la lotta eterna con la sua psiche erano diventate troppo pesanti da sopportare. Alla fine ha trovato quella pace tanto anelata.

Dopo che la sua morte e quella di altre persone care, tra il 1995 e il 1996, segnò la fine della vecchia generazione, io ho iniziato ad essere in lutto e a compiangere non solo le mie recenti perdite ma anche quelle della famiglia di mio padre. Non c'era più nessuno che potesse procurarmi conforto.

6 KADDISH

Repubblica Ceca - Polonia

2008

Nel settembre del 1996, sei anni dopo aver spedito la mia richiesta alla Croce Rossa Internazionale, le copie dei documenti di deportazione di mia zia Gretl, mio zio Hugo e mia cugina Susi erano nelle mie mani. Ho sentito le mie dita bruciare leggendo le date e i numeri di trasporto - la linea diretta della famiglia Spitzer dalla vita alla morte. Le parole cicatrizzate nella mia psiche: Terenzin. Treblinka. Stando ai documenti della Croce Rossa Internazionale, "I trasporti B conducevano a morte certa, meno del 10% dei deportati riuscivano a fare ritorno dopo la guerra." (vedi appendice)

Theresienstadt (Terenzin in ceco) è una piccola cittadina nella campagna ceca a quarantacinque miglia a nord di Praga. I nazisti convertirono la base militare nel luogo in cui raccogliere gli ebrei destinati allo sterminio. Theresienstadt è l'esempio del successo del raggiro dei nazisti, che furono capaci di dimostrare alla Croce Rossa Internazionale il trattamento umanitario riservato agli ebrei.

Theresienstadt vantava uno studio artistico per bambini e adulti, un'orchestra (anche Auschwitz ne aveva una), produzioni teatrali e un giornale. A porte chiuse, la realtà era quella di un affollato e antigienico campo di concentramento in cui le malattie si diffondevano facilmente e dove i prigionieri aspettavano di essere trasportati verso Auschwitz, Treblinka o altri campi in cui la maggior parte avrebbero incontrato la loro morte.

Nel 2008, dodici anni dopo aver ricevuto i documenti di deportazione, ho viaggiato con i miei figli, Andrew e David verso la Repubblica Ceca. Nella sezione ebraica antica di Praga, abbiamo trovato i nomi di Hugo, Gretl e Zuzanna Spitzer impressi sui muri del ricordo della Sinagoga Pinchas, i loro nomi nella lista della sezione di Moravia in quanto Ostrava ne è una provincia.

Ad Ostrava, abbiamo incontrato Michal e Libuše Salomonovič, una coppia che continua ad occupare un posto nel mio cuore per la loro accoglienza. Michal, un uomo alto, statuario con la testa piena di capelli grigi, è sopravvissuto ai campi di lavoro forzato durante la sua adolescenza. Lui e sua moglie, una genealogista, archivista e storica, ci hanno fatto da guida attraverso la città. Libuše ricordava e portava con sé su piccoli pezzettini di carta, informazioni sulla famiglia di mio padre a cui non saremmo mai arrivati da soli.

Abbiamo visitato il ginnasio o il liceo di mio padre, la piazza principale della città e un memoriale degli ebrei di Ostrava non sopravvissuti alla guerra.

Michal e Libuše, inoltre, ci hanno portato presso l'ente di assistenza ebraico, creato per aiutare il centinaio di ebrei rimasti ad Ostrava, la maggior parte di loro anziani. Una stanza dell'ufficio è stata trasformata in un memoriale con alcuni artefatti religiosi, una credenza contenente una pergamena della Torah, un candeliere d'argento e una menorah per Hannukkah. Un ritratto a matita sul muro mi sembrava familiare. Ho riconosciuto il viso di Susi dall'album di foto di famiglia immediatamente. Il ritratto venne fatto prima della guerra. Dopo la guerra, uno dei vicini degli Spitzer lo portò in quell'ufficio.

Ritratto a matita di Susi

Avrei voluto staccarlo dal muro e portarlo con me. Metterlo nella mia valigia e appenderlo sul mio muro in America. Il mio conforto sta nel considerare che quel ritratto è rappresentativo di tutti gli altri bambini tragicamente privati delle loro vite luminose.

Il giorno dopo abbiamo visitato Theresienstadt. All'entrata dell'edificio principale c'è Il Memoriale del Muro dei Bambini che mostra i nomi di tutti i bimbi che hanno attraversato quella porta. Abbiamo individuato subito il nome di Susi: Zuzanna Spitzer. Non riuscivo a smettere di piangere. Le lacrime mi appannavano la vista mentre esaminavamo le custodie contenenti i disegni dei bambini.

Cerci il nome di Susi sui disegni a pastelli e, più tardi, nel libro del dopoguerra, *Non vedrò mai più un'altra farfalla*. Avrà avuto l'occasione di fare una foto durante il periodo che trascorse lì nell'ottobre del 1942? Cercavo altre sue tracce della sua permanenza a Theresienstadt, qualche prova di momenti felici. Avrei voluto prenderle la mano e rassicurarla che era solamente un cattivo sogno, che presto sarebbe stata al sicuro con lo zio Johnny e sua cugina Jean.

Forse all'insaputa di mio padre e Norbert, Susi e i suoi genitori restarono a Theresienstadt per cinque giorni prima che fossero portati alla loro ultima destinazione, Treblinka. Susi aveva undici anni. Abbastanza grande da capirne la gravità. Spero che lei e sua madre riuscirono a tenersi per mano.

Io e i miei figli, poi, abbiamo ripercorso le ultime tappe di mia nonna, arrivando ad Auschwitz, in Polonia, in un caldo giorno di Luglio. Dopo aver visitato il campo di concentramento principale, ci siamo diretti verso un secondo, Auschwitz II o Birkenau, un miglio e mezzo più avanti. Quando Oma Clara percorse quell'ultimo miglio verso la fine della sua vita sulle rotaie di Birkenau, sicuramente avrà pensato al suo amore per sua figlia Gretl, sua nipote Susi e per mio padre, il suo "bambino d'oro", al sicuro in America. Sapeva che l'avrebbe aspettata una camera a gas? Che tutti i suoi tentativi per non essere catturata sarebbero evaporati con quel fumo? C'era una mano da stringere per lei? Queste sono domande che tormenteranno sempre il mio cuore.

Abbiamo attraversato l'arcata di pietra entrando in uno spazio erboso senza alberi, diviso in due da dei binari che si allungavano nella distesa. Ho sentito il cuore stringersi dal senso di desolazione e vuoto. Facendo segno ai miei figli che mi sarei allontanata, ho camminato sulle piattaforme di legno entro i binari verso una grossa pietra in lontananza, cercando coscientemente di ricreare gli ultimi minuti di mia nonna, di assorbire la sua solitudine sebbene dovevano esserci centinaia o migliaia di persone con lei.

Con gli occhi fissi sui miei sandali ho cercato di immaginare i suoi piedi affianco ai miei, chiusi in scarpe nere con i lacci. Sicuramente la mia Oma sostituì alla sua solita eleganza di Ostrava, un abbigliamento più pratico quando fuggì in Italia. Come ho alzato lo sguardo per calcolare la distanza, ho urtato il mio piede nudo ma ho accolto quel dolore. Automaticamente ho aperto la mano per tenere la sua, immaginandola accanto a me nel tentativo, molto fisico, di riempire quel vuoto, l'assenza assoluta di questa donna amorevole.

A metà strada sui binari, il cielo si oscurò portando una luce nebbiosa. Quando finalmente abbiamo raggiunto la struttura, un memoriale internazionale con incise preghiere ebraiche e parole di commemorazione in diverse lingue, le mie lacrime erano mescolate alla pioggia leggera.

Sapevo già dalle fotografie che le camere a gas erano a sinistra mentre la cella crematoria sulla destra. Ho raggiunto la parte dietro del memoriale e appoggiato la fronte contro la pietra. Singhiozzando, ho ringraziato la mia Oma Clara per aver amato mio padre con tutto il suo cuore e per averlo supportato incondizionatamente, proprio come lui ha amato me. Le ho promesso di non dimenticarla mai, di amarla sempre e che avrei tramandato la sua storia ai miei figli e nipoti. I miei due figli mi hanno raggiunta, dandomi conforto e sollievo con un gentile abbraccio.

Oggi, più di settant'anni dopo la sua morte, cammino ancora una volta con la mia Oma Clara nella mia immaginazione, sentendo una connessione con lei. Vorrei che lei sapesse quanto sia importante e quanto verrà sempre amata.

Eppure, non c'era alcuna traccia di Clara Buchsbaum neanche lì. Ho addirittura discusso con un dipendente del posto. "Dov'è il suo nome?", insistevo. "È morta in Birkenau. Un testimone l'ha vista entrare nella camera a gas."

"Mi dispiace, signora," ha detto lui, con pazienza ed indifferenza. "Stiamo ancora finendo di compilare l'indice elettronico. Ci vorrà tempo. Sono tanti nomi. È complicato."

Complicato. Quel ragazzo era troppo giovane per capire cos'è complicato. La mia impellenza mi ha portato al limite della maleducazione. Il ragazzo mi ha spiegato, allora, che le persone più anziane furono portate direttamente nelle camere a gas, senza neanche registrarne i nomi. Nella mia mente, questa informazione ha peggiorato ulteriormente la situazione che mi prefiguravo, questo tentativo dei nazisti di eliminare qualsiasi traccia dell'esistenza di mia nonna e degli altri.

Luglio 2017, Polonia

Auschwitz

Volevo tornare nel luogo in cui tutta la mia famiglia è scomparsa. Nove anni dopo la mia prima visita ad Auschwitz, mi sono unita ad un gruppo della mia sinagoga, Tempio Sinai di Summit, New Jersey, per un viaggio in Polonia e Israele.

Come la volta precedente, il cielo era grigio e pronto a piovere. Era come se le immagini catturate dai cinegiornali o dalle fotografie in bianco e nero del 1945 avessero marchiato il meteo in quei luoghi, imponendo che il sole non avrebbe mai più illuminato questo posto buio e tragico.

Tutta Auschwitz è compresa in un museo. In un edificio in mattoni abbiamo trovato un'enorme lista alfabetica di tutti gli ebrei uccisi dai nazisti nei vari campi di concentramento europei. Copriva la lunghezza di un'intera stanza con dei grossi indici su un pesante documento di panno, come dei campioni di tappeti in un negozio.

Dita insistenti e indagatrici puntavano le pagine alla ricerca di nomi familiari. Una cacofonia di lamenti ed esclamazioni. Trovai i nomi della mia famiglia? Non lo ricordo. Le mie mani tremavano e le lacrime mi offuscavano la vista. Rachael Wolensky, una cara amica del nostro gruppo, ha prontamente scattato delle foto dei nomi dei miei familiari. Erano proprio lì.

I nomi di Hugo, Zuzanna e Gretl Spitzer nel registro di Auschwitz (*Foto di Rachael Wolensky, 2017*)

Abbiamo raggiunto, poi, Birkenau sul nostro bus. Birkenau. Birch (betulla) Tree (albero) Meadow (prato). Un nome ironico per quei campi di morte. Neanche un albero a rendere più morbida la linea arida dell'orizzonte, c'era solo un po' di colore. Un grezzo verde e dell'erba giallognola si allungavano dal muro di entrata fino alle camere a gas e i crematori più avanti.

Foto scattata dentro Auschwitz-Birkenau (*Foto di Rachael Wolensky, 2017*)

Come la volta prima, ho camminato lungo i binari. Mi sono stupita notando che la linea ferroviaria giungeva fino alle camera a gas. Ma certo. L'ultima camminata di mia nonna non fu affatto una camminata. Fu trasportata dal vagone merci direttamente nelle camere gas.

Non ebbe tempo neanche di respirare. Di sentire un'ultima volta la brezza estiva sulle sue guance. Di catturare con lo sguardo un ultimo scorcio di cielo.

Alcun tempo per avere paura? Neanche il tempo per una preghiera? La mia Oma Clara era a conoscenza del suo destino? Spero di no, con tutto il cuore. Neanche per un secondo.

Ora, a più di settant'anni dalla sua morte, gli edifici delle camere a gas e dei crematori sono crollati su se stessi. Il tempo è l'ultimo vincitore qui.

Ci siamo riuniti attorno al rabbino Gershon per leggere, sensibilmente, e recitare preghiere. Con la mia voce strozzata ho raccontato di mia nonna, Clara Buchsbaum, e ho letto la sua ultima lettera. La sua accoglienza a mia madre con parole piene d'affetto riflessero l'abbondanza dell'amore che portò sempre con sé. Soltanto pronunciare il suo nome era l'affermazione della sua esistenza. La sua eredità è passata ai miei figli, David e Andrew, e ai miei nipoti, Asher ed Elia. Abbiamo recitato le parole di Hannah Senesh, una poetessa ungherese e una partigiana che perse la sua vita nella Shoah.

> Ci sono stelle
> il cui splendore è visibile sulla terra
> anche se già da lungo tempo si sono estinte.
> Ci sono persone
> la cui brillantezza continua ad illuminare il mondo
> anche se non sono più tra i vivi.
> Queste luci sono particolarmente brillanti
> quando la notte è buia.
> Illuminano la via per l'umanità.[1]

Treblinka

Il giorno dopo abbiamo visitammo Treblinka, dove morirono gli Spitzer. A Treblinka la terra sembrava gemere. A prima vista sembrava un prato con un aspetto innocente, finché non ho visto diciassettemila pietre irregolari, un cimitero simbolico. Qui, gli ottocentomila sterminati, alcuni dei quali furono cremati in un falò al centro del prato, trovano la loro voce individuale e collettiva. Riuscivo ad ascoltare le loro voci e le ricorderò per sempre.

Lapidi di Treblinka (*Foto di Rachael Wolensky, 2017*)

L'arrivo a Treblinka sembra innocuo come doveva apparire anche nel 1942 e 1943. Un sentiero attraverso una piccola foresta si apre in un grande spazio verde dove i treni, una volta, trasportavano passeggeri ignari della vera natura del campo.

Alcuni comprarono addirittura i biglietti nella loro città natale o arrivarono lì con dei pullman, convinti che ad attenderli ci fosse un lavoro o un posto di reinserimento. Questi passeggeri presero spontaneamente la coincidenza ferroviaria per Treblinka. Dove una volta passavano i binari, oggi restano soltanto delle lastre, parte del memoriale.

Una replica di una stazione ferroviaria, parte dell'inganno sadistico di Treblinka, era stata costruita per ingannare i viaggiatori fino agli ultimi minuti delle loro vite.

Donne e bambini erano raggruppati sulla sinistra, gli uomini sulla destra. Era concesso un tempo minimo per la rasatura dei capelli e per privarsi dei vestiti. Erano distribuiti poi dei lacci per legare insieme le paia di scarpe così da poter essere recuperate dopo le docce.

Prima gli uomini, poi donne e bambini, erano costretti dentro dei passaggi bui e stretti che conducevano alle camere a gas più avanti. Coloro che non erano in grado di mantenere il passo, venivano scortati nella parte posteriore dell'edificio e uccisi.

Mentre i corpi degli uomini venivano accumulati nelle fosse pera sepoltura, donne e bambini entravano nelle camere a gas. Tutta la procedura si svolgeva con incredibile efficienza. Quando le macchine a gas funzionavano senza intoppi, un carico di tremila persone veniva ucciso in tre ore. Ervano "processate" dalle dodicimila alle quindicimila persone al giorno.

Qui è dove Hugo, Gretl e l'undicenne Susi scomparvero dopo essere stati strappati alle loro vite e caricati dentro un vagone merci. Il loro unico crimine: essere ebrei. Treblinka era la fine di ogni speranza, la fine della vita. Come poteva essere? Come può essere? Dalla vita al nulla? Solo cenere e pietre.

Mentre la nostra guida polacca ci spiegava che a volte le macchine a gas non funzionavano bene, bloccando la tabella di marcia e causando intoppi, io smisi di ascoltare. Mi allontanai verso alcune lapidi con iscrizioni in inglese e in ebraico.

La mia mano allungata a prendere quella di Susi, per confortarla. Come avrei potuto ignorare quelle testimonianze? Allo stesso tempo, come avrei potuto continuare ad ascoltare tutti quei dettagli? Le mie orecchie pulsavano. È stato il momento più triste della mia vita.

Treblinka (*Foto di Rachael Wolensky, 2017*)

Il pensiero che continua a perseguitarmi è se Gretl e Susi sapessero che la morte le stava aspettando. Sono sicura che Gretl avrà abbracciato e confortato Susi fino all'ultimo respiro, ma l'idea di sapere già, di anticipare ciò che sarebbe accaduto, di sentirsi impotente e inerme di fronte la consapevolezza. Ed io dovrò vivere con questo spettro perché non c'è certezza né sollievo.

Camminando fra le lapidi, Ron, la nostra guida israeliana, mi ha presa per mano. Abbiamo trovato la pietra con incisa su la

Cecoslovacchia. Non riuscivo a smettere di tremare. Abbiamo acceso candele Yahrzeit. Fra i singhiozzi ho raccontato brevemente di come conosco la mia famiglia soltanto attraverso delle lettere.

Il rabbino Gershon ci ha iniziato a delle preghiere accanto ad un'enorme lapide:

> Dio Compassionevole che sei in Cielo
> Ai nostri sei milioni di fratelli e sorelle
> Uccisi perché ebrei
> Concedi un libero e sicuro riposo con Te
> Nell'altissimo cielo del sacro e del puro
> La cui luminosità brilla come solo
> il vero bagliore del cielo
> Fonte di pietà:
> Avvolgili per sempre nell'abbraccio delle Tue ali;
> Proteggi le loro anime per l'eternità.
> Adonai: loro sono Tue.
> Che possano riposare in pace. Amen.

Treblinka mi ha colpita visibilmente ed emozionalmente; forse perché non sapevo cosa aspettarmi. Conoscevo Auschwitz dalle fotografie in bianco e nero, dai film a dalla nostra visita nel 2008.

Treblinka mi ha accecata. Più apprendevo dalla nostra guida polacca e poi dalle mie ricerche successive, più quel posto diventava orribile.

Treblinka personifica il male puro nascosto nell'anima di alcuni esseri umani. Forse di tutti gli esseri umani.

Memoriali di Treblinka (*Foto di Rachael Wolensky, 2017*)

---

1. Permesso dell'utilizzo della poesia concesso dalla Associazione dei Rabbini Riformati, settembre 2019.

7 SAN DONATO VAL DI COMINO

San Donato (*Foto di Andrew Gilford, 2018*)

San Donato Val di Comino

Agosto 2018

Un anno dopo ho trovato la mia Oma Clara vicino il tavolo nella cucina al secondo piano di Casa Gaudiello in San Donato Val di Comino in Italia. Visitare la casa dove Clara visse dal 1941 al 1944 fu il culmine di anni di ricerca. In quella casa scrisse risme di amorevoli lettere a mio padre, descrivendo i suoi sforzi per trovare una nazione, un posto nel mondo che avrebbe aperto le porte alla coraggiosa rifugiata. Nel 1944, cinque anni di speranza e valorosi sforzi terminarono quando fu presa prigioniera e iniziò l'ultimo breve viaggio verso la tragica fine.

San Donato (*Foto di Andrew Gilford, 2018*)

Durante una soleggiata mattina nell'agosto del 2018, io, i miei figli David e Andrew e la moglie di David, Shari, camminavamo attraverso i ciottoli della piazza principale in San Donato. Tre mesi prima avevo scritto al sindaco della città, Enrico Pittiglio, parlandogli del mio desiderio di visitare San Donato. Il giorno della nostra visita il sindaco ci accolse stringendoci le mani, introducendoci ad altri leader locali e allo storico della città Luca

Leone. Durante una sontuosa colazione nell'ufficio del sindaco, abbiamo ricevuto informazioni generali sugli anni della guerra e i rifugiati internati. Tutti sembravano parlare all'unisono, prendendo le nostre mani e abbracciandoci. Un fotografo scattò fotografie senza sosta.

Al centro della tavolata vi era Alfonsa Gaudiello, una donna ben vestita nei suoi ottant'anni, famosa nella città. Lei mi prese la mano e mi parlò con l'aiuto della nostra traduttrice, Delia Roffo.

Il sindaco Pittiglio aveva specificamente richiesto Delia, una donna italo americana del Massachusetts, che era cresciuta in San Donato. Credo che il cuore di Delia sia rimasto nelle antiche pietre della sua città natale e navigando fra le sue due identità, l'italiana e l'americana, con un grande spirito. Infatti lei divide i suoi anni tra Boston e San Donato.

Oggigiorno, i residenti di San Donato, giustamente orgogliosi della loro storia come ricevitori e protettori dei rifugiati, stanno lavorando per memorizzare e valorizzare la loro storia, segnando con dei marcatori blu le case che hanno ospitato rifugiati.

Marcatori Blu

Alla fine questi dispositivi blu offriranno anche informazioni audio a proposito delle famiglie ospitanti e sui rifugiati che vi trovarono salvezza. Un memoriale si trova di fronte al municipio della città. Le scuole locali ora includono l'Olocausto come parte dei loro curriculum di studio.

Memoriale di San Donato

Mentre il Governo Italiano determinò che i rifugiati sarebbero dovuti essere internati in aree lontane dalle città, molte persone in San Donato estesero l'editto e offrirono rifugio e protezione. Una donna rischiò la propria vita per falsificare documenti d'identità per alcuni dei residenti. Un'altra nascose la madre di una nascitura in un cesto di paglia che trasportò sulla propria testa portandola così fuori dal villaggio. L'infante, nascosta al sicuro nel villaggio è divenuta poi Katya Tannenbaum, una professoressa all'Università di Roma.

L'autrice (a sinistra) e Alfonsa Gaudiello

Dopo colazione, con un senso di urgenza e lacrime, Alfonsa ha condotto il nostro piccolo gruppo verso la casa della sua famiglia in Via Orologio n°5. Lì ci ha fornito le informazioni che desideravo ardentemente riguardo mia nonna.

L'originale edificio di Casa Gaudiello è in realtà costituito da due palazzi posti l'uno di fronte all'altro di tre piani l'uno, connessi da un corridoio in legno e vetro al secondo piano. Al piano terra la stradina di ciottoli passa di fronte ai due palazzi e sotto il corridoio.

Alfonsa e Anna Gaudiello

Alfonsa Gaudiello era solo una bambina durante il periodo che Clara trascorse li. Sua madre, Anna Gaudiello, la proprietaria di quello che una volta era stato un grande hotel, protesse e si prese cura dei suoi tre ospiti ebrei. Alfonsa porta nelle sue memorie storie riguardo gli anni di guerra. Lei ha probabilmente sentito e visto cose che avrebbero terrorizzato una bambina. Credo che questa storia le sia particolarmente a cuore.

Quando Clara arrivò da Firenze intorno al 7 giugno 1940, gioì dell'aria fresca e dell'ambiente rurale di San Donato. Scrisse a mio padre che aveva lasciato Firenze perché la Pensione Balestri doveva essere rinnovata. Inoltre il suo permesso di residenza a Firenze non sarebbe stato rinnovato.

Clara non spiegò che lei e altri stranieri venivano man mano radunati e designati 'internati', che implicava restrizioni sulla loro libertà di viaggiare all'interno dell'Italia.

Interno di Casa Gaudiello (*Foto di David Gilford, 2018*)

Abbiamo appreso che Clara e altre due donne che parlavano tedesco, Grete Berger e Grete Bloch, trovarono rifugio in Casa Gaudiello. Grete Berger, nata nella provincia ceca di Moravia, era stata una star di film muti. Grete Bloch, nata a Berlino, era stata la fidanzata di Franz Kafka e aveva dato luce a suo figlio fuori dal matrimonio. Il bambino era morto nel 1921 a sette anni. Alcune fonti dicono che Grete Bloch fosse la moglie di Kafka. Clara potrebbe aver viaggiato verso San Donato con queste donne o forse le incontrò a Casa Gaudiello.

Durante la nostra visita abbiamo camminato attraverso la graziosa casa a tre piani che, durante i suoi anni come hotel, includeva palazzi simili dall'altra parte della strada. Il mobilio era confortevole e di buon gusto riflettendo prosperità e decoro.

Alfonsa ci ha spiegato che i tendaggi barocchi e la tappezzeria sulle sedie e i divani erano stati cambiati dai tempi della guerra. Ma il mobilio, per lo più antico, era originale della casa. Il sentimento generale era di calore e conforto, con dipinti e preziosi e abbondanza di oggetti.

Cucina di Casa Gaudiello (*Foto di David Gilford, 2018*)

Una volta in cucina Alfonsa mi ha sospinto su una sedia del lungo tavolo. "Qui è dove tua nonna sedeva. Una tale signora. Si vedeva che era una donna di cultura." Prese il suo posto a capotavola. "Mia madre si sedeva qui." Alfonsa si è ricordata di quando pettinava i capelli di mia nonna e la aiutava ad indossare le sue calze autoreggenti. La loro relazione sembra essere stata di mutuale affetto.

Con un tono di scusa mi ha detto che le limitazioni sul cibo permettevano solo un pasto al giorno - uno stufato vegetale con pane. Sono sicura che sua madre preparasse qualcosa di delizioso e soddisfacente nonostante tutto.

Le nostre lacrime si sono mischiate in un abbraccio, imbarazzante attraverso il tavolo. Spingendo di lato due strati di tovaglia di lana colorata ho toccato il tavolo graffiato e marchiato. Immaginavo mia nonna avesse fatto lo stesso, accarezzando il legno con la punta delle dita - quell'esatto pezzo di legno in quell'esatto punto - per spingere via le preoccupazioni riguardo i suoi bambini.

Tutto quello che Clara aveva conosciuto in Cecoslovacchia era rimasto indietro. Il suo futuro era incerto. La fortuna di aver trovato rifugio in questa città medievale costruita sul lato di una montagna dava a Clara del conforto, che espresse nelle sue lettere a mio padre.

Ci sono molte storie che si intrecciano con quella di mia nonna. Le Informazioni si nascondono in angoli e armadi. Una scala segreta sul retro e un attico fornirono una salvezza momentanea. Il seminterrato di pietre scure e i piani superiori di Casa Gaudiello sono strati archeologici.. Perfino gli appellativi *Casa, Albergo*, e 'hotel' attestano le varie funzioni che la struttura ha assunto attraverso le decadi o forse i secoli.

Clara indossava lunghi indumenti intimi di lana per sopravvivere al freddo e in qualche modo ricevette il suo cappotto d'agnello da Ostrava. Dieci anni dopo la guerra, mia madre indossava un giacchetto di agnello con bottoni d'oro lungo fino alla vita. Ho sempre pensato che fosse appartenuto a mia nonna, ma quello era solo il pensiero speranzoso di una bambina, l'espressione di una bramosia per qualcosa di tangibile che mi potesse connettere ad Oma Clara. In una lettera, mia nonna scrisse che una delle altre donne aveva comprato un forno d'argilla per riscaldare la stanza e sperava di essere invitata, come lo era stata l'anno precedente, a giocare a carte in una stanza calda. Di sicuro, si sarebbe offerta di portare un pò di legna per riscaldare il forno. Ma la proprietaria era divenuta riservata e mia nonna non era sicura sarebbe stata la benvenuta.

Le lettere non rivelano niente riguardo la relazione di Clara con Grete Bloch e Grete Berger. La sua concentrazione sulla classe sociale (e forse anche la loro) si aggiunge all'immagine di tre donne una volta prosperose ed eleganti, educate, ma non intime fra di loro. C'era competizione per l'affetto di Anna? Pagavano cinquecento lire al mese ciascuna per una stanza e un tavolo, l'equivalente di cinque dollari americani al tempo. Durante la guerra una pagnotta intera di pane negli Stati Uniti costava undici centesimi.

La città provvedeva uno stipendio mensile ai suoi rifugiati. Mia nonna doveva avere un permesso ufficiale per poter lasciare la città prima di viaggiare verso Roma per visitare consolati ed ambasciate. Clara ricevette anche cure dentistiche lì. Una volta rimase a Roma per diverse settimane.

Molti uomini di San Donato avevano lasciato la città. E' difficile determinare se perché coscritti nell'esercito italiano o se si stessero nascondendo dal Governo Italiano Fascista. Prima della guerra alcuni erani emigrati verso Newton, in Massachusetts, lasciando le donne di San Donato a gestire tutto.

L'undici gennaio del 1944, le forze degli Alleati lanciarono il loro primo assalto sulla città vicina di Montecassino, tenuta dai tedeschi. La battaglia fu ardua e perdurò per diversi mesi. I rifugiati furono al sicuro fino a quando i soldati tedeschi di Montecassino scesero sulla città di San Donato tra febbraio e marzo nel 1944 per avere una tregua dal combattimento. A Casa Gaudiello danzarono alla musica di un giradischi mentre Clara e le altre donne rimasero nelle loro camere.

Il 6 Aprile 1944, i soldati tedeschi apparvero all'improvviso alla ricerca di ebrei. I fascisti di San Donato avevano tradito i rifugiati e coloro che li stavano ospitando. Nascondere i rifugiati divenne imperativo. Clara, Grete Bloch e Grete Berger furono scortate velocemente attraverso il corridoio verso l'edificio sull'altro lato della strada dove una scala segreta conduceva sull'attico. La salvezza e il comfort di Clara finirono quel giorno, 6 aprile 1944, quando lei ed altri sedici ebrei nascosti furono trovati durante la retata e portati in prigione a Roma. Il giorno seguente furono trasportati al campo di concentramento di Fossoli vicino a Bologna, dove rimasero quasi sei settimane.

Fossoli Concentration Camp, foto di RanZag,
Creative Commons Attribution-Share Alike 3.0
Unported licenza.

Le fotografie del campo Fossoli sono truci. I palazzi, oggi probabilmente più deteriorati, sono poco più che baracche. Cosa ha provato Clara? Immagino che la sua compostezza e fondamentale confidenza, che l'aveva sostenuta fin dall'invasione nazzista della Cecoslovacchia in 1939, la tenessero insieme. Persino quando si trovò di fronte al terrore dell'incertezza, avrebbe pensato a mio padre, salvo in America con la sua amorevole moglie, Eleanor. Il suo benessere significava tutto per lei.

Nel maggio del 1944, le tre donne e molti altri rifugiati di San Donato furono costretti a salire su un treno diretto ad Auschwitz.

Clara era nel vagone merci numero 10 insieme a Grete Bloch e Grete Berger. Lo storico della città crede che Primo Levi, il poeta e scrittore italiano, si trovasse sullo stesso treno. Tuttavia, fonti scritte offrono informazioni contrastanti asserendo che egli fu arrestato e trasportato ad Auschwitz nel febbraio 1944. Levi, che sopravvisse ad Auschwitz, scrisse poi del freddo paralizzante e della sete insopportabile subiti durante il viaggio in treno di sei giorni.

Il 23 maggio 1944 è la data registrata per il decesso di Grete Bloch e Grete Berger. Non c'è alcuna data di decesso registrata per Clara Buchsbaum nei registri di Auschwitz. C'è solamente quel testimone visivo che la vide entrare in una camera a gas il 30 settembre 1944 - la data registrata nei registri comunali di Ostrava.

Mia nonna era così vicina alla sopravvivenza. Se è morta il 30 settembre 1994 mia madre era già incinta di me. Sono nata il 6 gennaio 1945. Auschwitz venne liberata dall'Armata Sovietica il 27 gennaio 1945. Posso quasi allungare una mano e toccarla. Così vicina.

Spero che pensieri e ricordi della vita familiare sostenessero la mia oma Clara sul vagone merci numero 10 mentre stava fermo sul tratto ferroviario in Auschwitz. Sapeva che Gretl e la sua famiglia erano stati sterminati a Treblinka nell'ottobre 1942? La posta si era fermata tra mio padre e sua madre con l'entrata in guerra dell'America? O ci sono delle lettere mancanti dalla mia collezione? Dopo tutto, Clara scrisse durante la primavera o forse l'estate 1943 dopo avere ricevuto notizia del matrimonio di mio padre. Non ci sono risposte a queste domande.

Leggo avidamente una dichiarazione giurata provveduta da mio padre come parte di una richiesta di rimpatrio dal Governo

Tedesco. Consegnata il settembre 1957, un paragrafo mi colpisce. (Vedi Appendice.) Mio padre ha scritto:

Il mio tentativo di portare mia madre in Inghilterra è stato distrutto con lo scoppiare della guerra. Dopo che l'Italia è entrata in guerra, ho scoperto attraverso la Svizzera che mia madre era internata a San Donato, Frosinone, Val di Comino. Non aveva alcuno mezzo finanziario e viveva con il poco ammontare che amici dalla Svizzera e dall'Italia le trasferivano. Dopo la mia emigrazione verso gli Stati Uniti nel febbraio 1941, ho spedito a mia madre qualsiasi quota riuscissi a risparmiare dal mio magro stipendio. I miei sforzi di portarla negli Stati Uniti fallirono di nuovo quando l'America entrò in guerra (Dicembre 1941). Da quel momento in poi ho ricevuto solo lettere attraverso la Croce Rossa e da un amico in Svizzera. Da quel momento in poi, non ho più ricevuto notizie su di lei fino a quando non ho scoperto, dopo la guerra, che mia madre era stata deportata dalle autorità tedesche ad Auschwitz dove *ha perso la sua preziosa vita in una camera a gas.*

Mio padre concluse la dichiarazione con "mia sorella Gretl Spitzer e sua figlia Susi Spitzer morirono prima di mia madre."

Sentendo la voce di mio padre nei suoi documenti mi travolge la compassione per lui e la sua famiglia. La rigidità delle sue parole amplifica la tragedia. Considerando la grande storia della famiglia, una descrizione scheletrica dei fatti aumenta in qualche modo la magnitudine della perdita. La mancanza di dettagli è assordante, come se parole riguardo la tragica morte della madre, sorella e nipote - di fatto, della loro orribile uccisione - avrebbero mai potuto catturare tutto quello che fu per sempre perduto.

Posso amare e tener cara mia nonna, mia zia Gretl, zio Hugo e cugina Susi, conosciuti ma mai incontrati, e poi piangere la loro perdita? Ogni giorno la tristezza aumenta. Lacrime cadono. Premo le mie mani, una sopra l'altra, sopra la mia bocca per trattenere la tristezza. Forse la solitudine dell'invecchiare è parte del lutto. Il paesaggio della mia vita manca di una generazione più anziana. Sono la matriarca adesso. Ma dentro di me, nel profondo, c'è ancora la piccola bambina che desiderava una nonna con un abbraccio di conforto. Provo un senso di perdita tanto per me quanto per loro. Con la sua indifferenza al patimento e alla giustizia, con una codarda assenza di umanità, Hitler e i suoi strozzini li condannarono a morte, lasciando la seconda generazione di sopravvissuti a piangere la loro perdita e a vivere nel loro immaginario di orribili fini.

Allo stesso tempo, però, le mie lacrime di tristezza si trasformano in adempimento. Conosco la mia famiglia nella sua interità. Ho accolto la loro ricca eredità e l'ho donata ai miei figli e nipoti. Posso sentire la felicità iniziare a ballare intorno al mio essere.

Una volta ho chiesto a mio padre se odiasse i tedeschi per aver ucciso la sua famiglia. Esitò per un paio di momenti poi, con grande serietà, disse "L'odio distrugge chi odia." Anche se non rispose direttamente alla mia domanda, la sua risposta riflesse la considerata scelta di non lasciare la corrosività dell'odio arrugginire la sua vita.

Mentre altri della seconda generazione hanno vissuto con segreti e silenzi riguardo la perdita dei loro familiari e sono stati lasciati con quesiti irrisolti, io ho ricevuto un insieme completo di storie e immagini che che mi hanno confortata e hanno rafforzato la mia identità.

C'erano anche loro - Clara e Ignatz, Gretl, Hugo e Susi, e, sempre, mio padre. La pienezza delle loro vite e del loro amore trovata nelle loro lettere vive nel mio cuore. Persino oggi, più settant'anni dopo, mi inspirano. La nostra è una storia di perdita ma anche di amore duraturo.

Desidero che mia nonna avesse potuto conoscere il conforto del mio abbraccio e il mio profondo amore. Adesso sono più di dieci anni più grande di quando morì lei a sessantadue.

Mi avrebbe accolta tra le sue braccia, mi avrebbe stretta a sé e si sarebbe meravigliata della mia somiglianza con mio padre. Adesso sono io, che nella mia immaginazione, la abbraccio durante i suoi ultimi giorni.

Continua a vivere come una stella guida per me - un esempio di coraggio, resistenza e grazia e esemplare del più profondo e invincibile amore.

Spero anche mio padre avrebbe trovato conforto nei miei sforzi di tenere viva la memoria della mia famiglia. Il mio tentativo ha richiesto tenacia e sforzo costante, qualità che ho appreso dal suo esempio. Tutto ciò che posso fare ora è scrivergli una lettera.

Caro Papà,

In quattro giorni, marchierò il tuo Yahrzeit al Tempio Sinai pronunciando il tuo nome e recitando la Kaddish del lutto. Si, lo faccio ogni anno - qualcosa che non ti saresti mai immaginato. Durante una delle nostre ultime conversazioni, nella cucina in Northumberland Road, c'erano lacrime nei tuoi occhi quando m'incolpasti implicitamente di non aver dato a David ed Andrew un'educazione Ebraica.

John Buchsbaum

"Chi reciterà la *Kaddish* per me?" chiedesti. Sentii l'emozione nella tua voce. Nessuno di noi due avrebbe mai considerato che sarei stata io a farlo.

Non solo recito la *Kaddish* ogni anno, ma la dico per tua madre, per Gretl e Susi e, con qualche riluttanza per Hugo, che provo a non biasimare per la morte di Gretl e Susi. La dico per mamma la cui vita finì così tragicamente.

Vorrei che tu sapessi che ho raccontato la storia della famiglia Buchsbaum nelle scuole e al Tempio Sinai. Clara Buchsbaum, tua madre, si erge come un esempio di amore, coraggio, intraprendenza e ultimatamente di resistenza.

Vorrei che noi due potessimo parlare della perdita della tua famiglia e di come una tale tragedia ti ha afflitto. Eri sempre così saldo, così forte per noi, così affezionato e costante nel tuo amorevole supporto. Ma mi chiedo come sostenessi te stesso nel mezzo di una tale tragedia. Sto scrivendo questa lettera a te perché vorrei sapere dove è che, per i successivi quarantaquattro anni, ponesti il tuo lutto per la perdita di Clara.

Ho trasferito una pila di libri dal tuo soggiorno al mio studio più di venti anni fa, non sapendo che avevi conservato le lettere di Clara in una cartella tra di loro. Il contenitore di cartone era ancorato sicuramente tra un libro sull' Israele e un atlante gigante. Ironico, considerando la sua implacabile ricerca per un rifugio. Ho trovato l'ultima lettera di Clara nella tua cassaforte.

Credo tu abbia impacchettato via il dolore per averla persa assieme a quelle lettere - non esattamente dimenticate, magari, ma salve e in attesa fino a quando tu non fossi stato capace di leggerle e lasciarti finalmente affliggere. Mi domando se il tuo grande e fatale colpo fu il culmine di decenni in cui hai represso il lutto.

Tu mi hai dato la tua vita familiare in Ostrava, ma non mi hai mai raccontato delle loro morti. Mi hai donato la tua filosofia, "L'odio distrugge chi odia," ma niente riguardo il tuo lutto. Mi hai fornito una data, 30 settembre 1944, il giorno in cui Clara morì ad Auschwitz, ma non mi hai mai raccontato cosa provasti quando zio Norbert ti diede la notizia nel 1945, quando lo visitasti in Ostrava. Non dico queste cose come un'accusa ma, piuttosto, con la più grande compassione.

Ti immagino dire, "Devo essere forte per te e mamma. Non c'era mai un momento giusto. Tua madre era fragile. Tu eri la mia piccola gattina e dovevo proteggerti dal dolore." Era vero, poi sono cresciuta. E non te l'ho mai neanche chiesto. Forse ero troppo consumata dalla mia vita, con il crescere i bambini, l'insegnare e lo scrivere. Ma adesso, che voglio chiederti per sapere, tu non sei qui.

Forse hai sofferto il senso di colpa del sopravvissuto e incolpato te stesso per non esservene andati via quando potevate. Mamma pensava potesse esserne il caso, ma non sono sicura avesse ragione. Dalle tue lettere, posso vedere quanto tenevi a tua madre - il tuo costante amore e incoraggiamento, i tuoi infiniti tentativi di provvedere documenti. Pregasti e prendesti in prestito soldi per richiedere il suo visto e sostentamento. Deve essere stato così umiliante per te dover chiedere denaro ad altri, soprattutto a tuo cugino in Philadelphia. Le tue lettere a lui, chiedendo per tua madre e la promessa di ripagarlo, rimangono nell'archivio della tua famiglia. Non ho mai saputo se avessi ripagato il prestito, così ho donato un significato contributo allo Holocaust Memorial Museum degli Stati Uniti in Washington, D.C. in sua memoria. Lo sentivo un dovere per ripulire il tuo nome da ogni debito. Ero felice di dare il contributo in nome del debito anche se la donazione fu considerevolmente minore della cifra dovuta.

Credo tu abbia incanalato il tuo lutto verso la realizzazione di altri progetti. Lavoravi tutto il giorno alla Divisione Storica dell'Esercito e dopo, di sera, andavi alla Georgetown University per ottenere un dottorato americano. Eri un marito e un padre e sei riuscito comunque a finire il tuo corso in pochi anni. Ho trovato i tuoi voti eccellenti. Ho molti dei lavori più importanti che scrivesti per quelle classi, in ognuno guadagnasti una A o A+. I professori dovevano aver adorato averti in classe.

Occasionalmente ricevo una telefonata da qualche tuo vecchio studente. Uno dei tuoi preferiti voleva un tuo ritratto fotografico, quello che un artista aveva trasformato in un dipinto ad olio per la Pace University. Adesso rimpiango di averglielo dato. Mi ha disturbato vedere l'inizio della malattia e della vecchiaia sul tuo viso. Eri una grande figura romantica per me. Il tuo accento, il tuo savoir faire, la tua vasta conoscenza di storia europea che stregava i tuoi studenti - tutto era parte del padre che ho amato e ho adorato.

Ho trovato doloroso guardarti mentre perdevi il potere di destare interesse, di mantenere il tuo posto al top e al centro del pantheon di estimati professori. Sei diventato lamentoso. Non potevi accettare la perdita di chi eri stato.

Casa Buchsbaum alla Pace University (*Foto di Anne Bishop, 2019*)

Casa Buchsbaum rimane sulla Pleasantville, campus di New York, adesso ospitante il Dipartimento di Educazione. Il Dipartimento di Storia occupa un palazzo diverso. Diversi professori alla Pace ricordano il tuo nome, persino dopo trent'anni. Lasciavi il tuo marchio ovunque andavi. Rimani sicuro di questo

C'è un'ultima cosa che voglio dirti. Quando sono andata a San Donato con Andrew, David e sua moglie Shari, nell'agosto 2018, mi sono ricordata il nostro viaggio in Italia nel 1954. Tu salisti su per una piccola collina e guardasti il paesaggio verso quello che adesso so essere San Donato Val di Comino dove tua madre aveva trovato rifugio. Dalla tua statura eretta non riuscii a dedurre l'immenso peso della tua tristezza ma la sentii nel silenzio. Stavi lì, guardando oltre i campi verso la città, come un generale in cima alla collina. Penso tutti noi fossimo paralizzati dal dolore che sapevamo essere dentro di te. Restammo in silenzio anche noi vicino alla macchina. Volevo correre su per la salita ed abbracciarti.

I tuoi sentimenti devono aver minacciato tutto il tuo autocontrollo, il vero fondamento del tuo essere, e questo mi spezza il cuore. Avresti potuto guidare dentro la città e baciare le pietre al n°5 Via Orologio e piangere, come ho fatto io. Avresti potuto incontrare Anna Gaudiello e sua figlia Alfonsa e ascoltarle le loro lodi a tua madre. Ma era troppo per te. Lo capisco. Va tutto bene. Sto affrontando il lutto per te adesso, ogni volta che mi siedo a scrivere o ogni volta che parlo dei Buchsbaum di Ostrava.

La mia generazione piange quello che la tua generazione non poté permettersi. Affrontiamo il lutto scrivendo, facendo film e arte. Ci ricordiamo, parliamo cosicché i nostri cari, quelli che non abbiamo mai incontrato, saranno ricordati.

Raccontiamo le storie ai nostri figli e loro ai loro bambini. Continuiamo ad amare nella maniera in cui Clara ti ha amato, dal midollo delle sue ossa, e nella maniera in cui tu hai amato me. E questa è l'eredità più preziosa di tutte.

L'ultima lettera di Oma Clara

Miei amati figli!

Sono ancora completamente sotto l'incantesimo della gioiosa notizia che tu, mio amato Hannesl, ti sei sposato. Questo messaggio mi ha commosso così tanto che, all'inizio, non potevo contenermi. Devi sapere quanto io sia profondamente contenta per la tua buona fortuna, mio caro figlio, e di quanto prego ferventemente perché il santo Dio possa sempre preservarla per te. Tutte le care e belle parole che scrivi riguardo Eleanor mi rendono felice e sicura, una salva garanzia che tu abbia fatto la scelta giusta.

Quando le persone si uniscono per amore, per la totale comprensione dell'altro e per gli stessi valori morale allora si hanno le fondamenta per un matrimonio felice.

Tu mia carissima Eleanor, ti abbraccio caldamente, ti tengo vicina al mio cuore e ti accolgo come figlia. Ti amerò sempre e sarò per te la madre che sfortunatamente hai perso così presto e di cui havi dovuto sentire la mancanza. Di sicuro andremo d'accordo, carissima. Siamo solo un piccolo circolo, ci amiamo profondamente e siamo molto molto affezionati gli uni agli altri. Adesso tu, mia cara bambina, ci appartieni completamente.

Anche tuo fratello e tua sorella (Hugo e Gretl) ti ameranno moltissimo e saranno felici di aver guadagnato una sorella. Le loro vite sono difficili al momento ma sono affezionati l'uno all'altra con grande amore e questo li aiuta a sopportare il pesante fardello più facilmente.

Che tu sia industriosa mi rende orgogliosa e lo rispetto molto. Sono convinta che tu, cara Eleanor, sarai la buona, fedele ed amorevole compagna che mio figlio merita. Egli è una persona eccezionale con un carattere nobile, pieno di bontà e calore, e mi ha sempre dato molta gioia. Già sto aspettando con fervore le foto che mi hai promesso. Posso a malapena aspettare di conoscerti, cara Eleanor, anche se solo per un momento attraverso delle immagini, e di rivedere anche te, mio Hennesle. Fino a quando non sarà una riunione reale in un futuro non troppo lontano.

Ringrazio profondamente i nostri cari Bens per il grande amore che ti hanno mostrato, mio amato Hansl. Sono immensamente grata per l'affetto paterno di Ben. Possa il caro Dio premiarlo molte volte perchè lo merita. Gli mando i miei ringraziamenti più sentiti. E' molto triste che il nostro amato Vaterle [padre] non abbia potuto condividere questa gioia con noi. Sono già passati cinque anni da quando lo abbiamo perso.

Adesso miei amati figli, vi mando di nuovo i miei più sentiti auguri di felicità, salute, successo e gioioso futuro e le mie benedizioni a Dio. Mando i miei saluti anche al padre di Eleanor, sono felice che anche lui si sia affezionato a te, mio Hannesle. Ti abbraccio e ti bacio con grande amore. Scrivi presto alla tua amorevole madre.

Mutti

(scritta dopo il 30 Aprile 1943, la data di matrimonio dei miei genitori)

Luna di miele di John e Eleanor Buchsbaum

EPILOGO

Accettare la tragedia è un processo che non finisce mai. Le nostre perdite non si "superano" ma si impara a vivere con la consapevolezza. Quando si affronta ciò che è successo, quando si accetta la devastazione e i suoi effetti su di noi e le nostre famiglie, cresciamo e rafforziamo la nostra capacità di apprezzare la vita. Possiamo creare significati e questo aiuta a guarire.

Il percorso per creare significati è personale. Coloro che hanno scritto a proposito della loro famiglie, coloro che lavorano con l'arte, coloro che hanno creato borse di studio o altri lasciti, coloro che hanno lavorato per educare gli altri sull'Olocausto e hanno partecipato in una moltitudine di progetti, possono trovare un senso di compiutezza emotiva e di pace. A questo si aggiunge una maturità più profonda delle nostre persone o di ciò che alcuni potrebbero chiamare anime.

Scrivere della perdita della famiglia Buchsbaum è stato profondo. Il mio lutto, forse ereditario, potrebbe essere nato alla porte di Auschwitz-Birkenau nel 1944, tre mesi e sette giorni prima della mia nascita. Che la perdita venga conservata come delle preziose lettere mantenute al sicuro tra dei libri? Immagini mentali di Clara, Gretl, Hugo e la figlia undicenne Susi camminando verso le camere a gas, coesistono con immagini della bellezza della natura, in grandi opere d'arte e nei visi dei bambini agli inizi della scoperta.

Attraverso la scrittura mantengo la mia famiglia e il loro posto tra i sei milioni di vite perse. Nominando coloro che sono morti, proteggendo e prendendomi cura delle fotografie, lettere e ricordi della generazione dell'Olocausto, ho fatto una dichiarazione. Loro sono vissuti, loro erano importanti, e scrivendo li ho memorizzati.

Non si possono ignorare gli studi sugli effetti del trauma sulla sanità mentale e fisica delle vittime e poi delle successive generazioni. Il retaggio di alcune seconde e terze generazioni di sopravvissuti all'Olocausto include genitori e nonni che non sono mai riusciti a processare il loro trauma e non hanno mai pianto le loro perdite. L'eredità trasmessa dalla generazione dei genitori può includere ansia, depressione, il senso di non appartenenza ed esclusione, persino la credenza che non ci si meriti di essere felici.

Credo che molti dei figli di sopravvissuti sentono il dovere di essere stupendi, di avere successo, di compensare per ciò che hanno perso. Alcuni credono di non essere mai bravi abbastanza e non hanno mai smesso di danzare il più veloce possibile. Ma quanto stupendi si deve essere?

La nostra eredità del genocidio di sei milioni di ebrei innocenti comprende la sfida di piangere le perdite anche in nome dei nostri genitori che non lo permisero a se stessi. Per alcuni, la loro psiche, forse le loro anime, sarà stato come circondati da emozioni senza una via d'uscita, senza un graduale abbassamento delle loro difese emotive. Anche se i miei genitori sembravano esprimere i loro sentimenti, non li ho mai visti o sentiti esprimere la profonda tristezza che devono aver provato per la perdita delle loro madri. Entrambi, in alcuni occasioni, si arrabbiavano e forse quella era loro difesa contro il lutto. Mio padre inveiva contro quelle che considerava politiche straniere semplicistiche di ufficiali governativi e solo una volta contro mia madre. Lei, invece, si concentrava sulle sue sorelle. Differentemente dai miei genitori, io ero lamentosa e adesso mi domando se le mie lacrime, dovute in parte alle mie paure, erano un'assunzione inconscia del lutto inespresso dei miei genitori.

La nostra storia si accompagna al dovere di ricordare e raccontare le storie delle nostre famiglie anche quando i nostri genitori non poterono. Il silenzio di molti sopravvissuti di prima generazione - coloro che sopravvissero ai campi, che sopportarono il terrore mentre si nascondevano e coloro che scapparono e lasciarono la loro famiglia indietro - sicuramente riflettono una determinazione nel proteggere i loro preziosi giovani bambini. Ma il silenzio protesse anche i sopravvissuti stessi e il prezzo fu che venne trasmesso ai loro figli.

Egualmente importante da riconoscere è che i sopravvissuti di prima e seconda generazione hanno dimostrato una resistenza rimarchevole. Molti, se non la maggior parte, hanno avuto successo. Lauree specialistiche, stellari raggiungimenti professionali e la capacità di crescere figli che contribuirono a loro volta nelle scienze, in medicina, educazione, governo, arti e molte altre aree. Tutti loro riflettono il potere della speranza, della determinazione e della forza vitale. Nel dopoguerra, sopravvissuti e discendenti sono diventati assistenti sociali, psicologi e psichiatri.

I sopravvissuti dell'Olocausto e la loro progenie si sono uniti e messi a capo di movimenti per i diritti umani e contro la tirannia, repressione e genocidio. Il loro oltraggio morale, la loro empatia e la loro determinazione nella lotta contro l'ingiustizia ogni volta che l'hanno vista, sono tutte parti dell'eredità dell'Olocausto.

Le lacrime mi salgono facilmente agli occhi e le considero un dono. Piango per Clara e Gretl, per Hugo e Susi. Piango per mio padre, che li perse. Piango perchè non ho mai conosciuto il conforto e l'amore di mia nonna. Ma mi permetto anche di scoprire le lettere, specialmente le ultime lettere di mia nonna. per trasformare la tristezza in gioia. Nel conforto in cui mi trovo, tra l'autunno e l'inverno della mia vita, porto con me i Buchsbaum da Ostrava.

Porto i doni dei geni di mio padre. Come mia madre, lui mi ha amata molto e ha vissuto mostrando ogni tipo di generosità. Mi ha insegnato, con parole e con esempi, il senso di compiutezza dato da duro e costante lavoro. Quando dissi che l'unica cosa che volevo era essere felice, lui disse: "La felicità non è qualcosa che puoi prendere. E' il prodotto che viene dal fare del tuo meglio, sentitene orgogliosa e soddisfatta."

Il collegamento inesorabile tra memoria ed amore assicura che noi della seconda generazione ricorderemo per sempre. Per me, il dovere è divenuto una scelta amorevole e consapevole grazie alla conoscenza della mia famiglia, al fatto che recito i loro nomi, e raccontando le loro vibranti e coraggiose storie. Alla fine, le loro vite la loro unicità non possono essere eclissati dalla tragedia e dalle circostanze delle loro morti. Loro esistono insieme in vita e in morte e la loro memoria vive nelle nostre cellule e nelle nostre anime.

APPENDICI

1938: Biglietto da visita di Hans Buchsbaum, I. Buchsbaum editore fotografia

1939: "Ministero dell'Interno: demografia e razza"

I, Clara Babad-Buchsbaum, di Sigmund, vedova di Ignatz Buchsbaum, nata a Bielsko il 1/07/1882, una cittadina ebra ceca, presenta quanto segue: sono arrivata in Italia (Regno) il 16 Agosto del 1939 con l'intenzione di rimanere tre o quattro settimane per piacere e svago, per poi emigrare nel Regno Unito, dove mio figlio risiedeva al tempo e in determinate condizioni che gli avrebbero permesso di pagare per la mia "entrata" nel Paese. Il mio bagaglio era già stato spedito in Inghilterra e il biglietto per Londra (passando per Parigi) era già stato comprato e pagato. Tutti i documenti necessari per entrare nel Regno Unito erano pronti ed io avevo già parlato con l'ambasciatore inglese a Firenze, il quale potrà confermare che sono ero stata aggiunta alla sua lista nell'Agosto del 1939; tuttavia, l'inizio della guerra ha reso il mio viaggio per il Regno Unito impossibile.

Inoltre, il mio nome appare anche nella lista d'attesa del Consolato Americano di Napoli, come mostrato nelle lettere allegate e spedite alla centrale di polizia di Firenze dal 3 Marzo. Ho già tutti i documenti necessari per entrare negli Stati Uniti. I soldi che ho ricevuto vengono sia dagli Stati Uniti che dal Regno Unito. Attualmente, nonostante tutti i miei tentativi, non sarò in grado di andare da nessuna parte ma sono sicura che prima o poi riuscirò ad ottenere il visto per il Regno Unito o per gli Stati Uniti. Sono una donna sola, una vedova e al momento vivo nella Pensione Balestri, Firenze, in Piazza Mentana, mantenendo uno stile di vita rispettoso: chiedo per ottenere il permesso di restare in Italia finché non potrò spostarmi in un altro Paese.

Rispettosamente,

Clara Buchsbaum

P.S. La mia salute, inoltre, sta peggiorando ultimamente.

1941: "Persecuzione degli ebrei in Italia" (Origine del documento sconosciuta)

Klara (Clara) Babad, di Sigmund, vedova di Ignatz Buchsbaum, nata nel Luglio del 1882 a Bielsko. È arrivata per la prima volta in Italia il 16 Agosto del 1939 per piacere e svago, soggiornando nella Pensione Balestri in Piazza Mentana, Firenze, senza alcun congiunto.

L'intenzione di Clara era quella di restare in Italia per tre o quattro settimane e poi emigrare in Inghilterra, dove suo figlio risiedeva al tempo.

Lei era stata registrata presso il consolato inglese di Firenze, aveva il biglietto e spedito il suo bagaglio per la tratta che attraversa Parigi, eppure, alla fine, non era stata autorizzata a lasciare l'Italia a causa dell'inizio della guerra. Dal 3 Marzo dello scorso anno, Clara ha inviato la sua richiesta presso il consolato americano di Praga per essere aggiunta alla lista *d'attesa* per emigrare negli Stati Uniti, in modo tale da poter ricongiungersi con un altro figlio che vive in Philadelphia. Il suo passaporto è il n. 546, rilasciato dal dipartimento di polizia di Morava Ostrova il 27 Novembre del 1936, poi rinnovato nel Giugno del 1939 con data di scadenza del 6 Novembre 1941.

Dopo il suo arrivo in Italia, Clara ha ricevuto una garanzia di soggiorno di sei mesi, fino al 15 Febbraio 1940. Poiché il consolato americano di Napoli non ha concesso a Clara il visto per entrare negli Stati Uniti, lei ha richiesto di poter rimanere in Italia e per poterlo fare, suo figlio Ben, dagli Stati Uniti, è dovuto intervenire.

Il ministro dell'Interno è stato informato della situazione da un membro del Parlamento, Alessandroni, "un italiano-americano di grande prestigio," giudice della Corte d'Appello, informato a sua volta da un altro membro del Parlamento.

Alla fine di Gennaio, Clara ha ricevuto un'estensione della sua permanenza in Italia nell'attesa del suo visto per gli Stati Uniti. Tuttavia, il 18 luglio, Clara è stata inclusa nella lista delle donne ebree residenti in Firenze e quindi internata prima a Frosinone e poi a San Donato il 28 Agosto. Dal febbraio del 1941 Clara ha cominciato a richiedere per un sussidio in quanto non ha più ricevuto contributi dall'estero. Ha chiesto il permesso per recarsi al consolato americano di Roma, dove sarebbe dovuta andare per una visita medica, prima nell'aprile del 1941 e poi di nuovo nel giugno del 1943.

Inoltre, Clara ha chiesto che il Podestà (un capo magistrato della municipalità medievale italiana) potesse restituirle il passaporto. Dal 2 al 26 luglio del 1941, lei era a Roma in attesa del biglietto per il traghetto che il figlio avrebbe dovuto inviarle dagli Stati Uniti.

Poi, il 27 luglio è tornata a San Donato. La seconda volta era Delasem, nella primavera del 1943, a chiedere l'autorizzazione per mandare Clara a Roma, per darle l'opportunità di chiarire i dettagli della sua richiesta d'emigrazione. L'organizzazione stabilì che Clara aveva diritto "ad un invito dal consolato e ad un biglietto".

Eppure, alla fine, il suo destino era uguale a quello di ogni altro ebreo. Clara è stata arrestata e poi deportata e arrivò ad Auschwitz il 23 maggio del 1944.

Probabilmente le sarà stato assegnato un numero seriale, ancora oggi sconosciuto, Clara morì poco dopo il suo arrivo nel campo di concentramento quello stesso maggio.

John H. Buchsbaum
804 West 180th Street
New York City
August 2, 1941.

Mr. Murray LeVine
c/o HIAS
330 South 9th Street
Philadelphia Pa.

Dear Mr. LeVine:-

I have just been informed that the State Dept. accepts again visa-applications in behalf of persons residing in Italy. Would you please be kind enough to send me 2 sets of affidavit-forms to enable me to apply for my Mother who is in Italy. The guarantors for my Mother are my cousin Mrs. Benjamin Buchsbaum and myself.

Mrs. Buchsbaum is on vacation now and I shall mail the completed form to her to be signd. I have all supporting documents here so that there will be no delay in filing of the application.

I would appreciate it very much if you would send me two more sets of affidavit-forms for a friend of mine whose parents are in the same position as my Mother. Please send therefore 4 sets of affidavit forms.

I would prefer to come to Philadelphia to fill in and to sign the applications in your presence if it should be necessary to do it in the presence of an official of a refugee organization, as it takes weeks to get an appointment at the HIAS in New York. I shall probably phone you on Monday morning to get your reply as soon as possible.

I thank you for your kindness and remain

very sincerely yours

1941: Lettera alla Società d'aiuto per gli Immigrati Ebrei dalla richiesta di John Buchsbaum per l'immigrazione di Clara Buchsbaum

MUNICIPALITY OF S. DONATO VAL DI COMINO
Province of Frosinone

* * *

After having inspected the County Council's books

THE MAYOR CERTIFIES

that Mrs. Clara BUCHSBAUM received as a civil internee, the subsidy as of 1st March 1941 up to the end of 1943.

This Certificate has been issued on usual paper for all lawful purposes.

THE MAYOR

sged: (Antonio Cedrone)

Certificato per il sussidio di Clara Buchsbaum per il 1941-1943 dalla municipalità di San Donato Val di Comino

Una delle quattro cartoline che Clara Buchsbaum inviò da San Donato a suo fratello Norbert Babad in Ostrava nel 1942 e 1943

Quattro cartoline sono apparse nella mia cassetta della posta nel Marzo del 2020 spedite da Radan Salomonovič della Repubblica Ceca, un filatelico che ha riconosciuto il nome Buchsbaum. Le cartoline sono state vendute indipendentemente dal contenuto ma per i francobolli e per i timbri postali.

Il signor Salomonovič, figlio dell'ultimo Michal Salomonovič che ha scortato me e i miei figli in Ostrava nel 2008, recupera informazioni dei discendenti della comunità ebraica di Ostrava.

Settembre 1947: Permesso firmato da John Buchsbaum chiedendo rimborsi dal governo tedesco (traduzione dall'inglese)

Affidavit

Conoscendo pienamente l'importanza di una dichiarazione giurata io, il firmatario John Hans Buchsbaum, residente a Mather Road n.245, Jenkintown, Pennsylvania, U.S.A, sotto giuramento dichiaro quanto segue.

Mia madre, Mrs. Klara Buchsbaum, è nata il primo luglio del 1882, in Bielitz, Silesia, Austro-Ungheria, figlia del notaio Sigmund Babad e sua moglie Jeanette Babad, nata Reitman. La sua religione era il giudaismo. Frequentò scuole tedesche elementari - e medie - in Bielietz e la sua lingua natale era il tedesco.

Il 7 febbraio del 1907, mia madre si è sposata con mio padre, Mr. Ignatz Buchsbaum, venditore di libri nella città di Maehrisch-Ostrau-Oderfurt, in Austro-Ungheria, più tardi divenuta Cecoslovacchia. Di conseguenza i miei genitori ricevettero la cittadinanza Cecoslovacca. Dalla loro unione sono nati due bambini. Mia sorella Grete, che da sposata acquisì il cognome Spitzer, nata il 12 febbraio del 1907, e me, Hans (John) Buchsbaum, nato il 24 dicembre del 1910. Mia sorella Grete, suo marito Dr. Ing. Hugo Spitzer e la loro unica figlia Susie vennero deportati a Lublin nel 1941 e sono scomparsi fin d'allora. Dopo la guerra, furono dichiarati morti.

Fin dall'inizio del matrimonio tra i miei genitori e fino alla morte di mio padre, il 27 agosto del 1937, ho lavorato nella compagnia di mio padre contribuendo ad istituire la compagnia I. Buchsbaum, Maehr. Ostrau-Privoz, come la più grande casa editrice e distributore di libri. Qualsiasi editore tedesco, prima della guerra, avrebbe potuto testimoniare l'importanza della nostra compagnia. La nostra azienda era parte dell'organizzazione del mercato azionario per i librai tedeschi in Leipzig e anche dell'organizzazione dei librai tedeschi in Aussig a.E., Cecoslovacchia. Nel 1913, mia madre ricevette il suo diploma come libraia. Fu un'impiegata della compagnia fino a quando non ne divenne co-proprietaria con me nel 1937, dopo la morte di mio padre.

Dopo la morte di mio padre il 27 agosto del 1937, mia madre Klara Buchsbaum, ha ereditato il 50% della compagnia I. Buchsbaum e io ne ho ereditato il rimanente 50%. Mia sorella Grete Spitzer, nata Buchsbaum, ha ricevuto la sua parte dell'eredità in contanti e in buoni del tesoro.

La compagnia che io e mia madre dirigevano come co-proprietari aveva un valore di approssimativamente 300.000 corone nel 1938.

Per comprovare questa informazione offro i seguenti testimoni:

Mr. Dr. Leo Spitzer, East End Avenue n.45, New York, N.Y, che fu coinvolto nel passaggio dell'eredità. Una dichiarazione giurata sarà provveduta.

Mr. Ferdinand Schindler, Heidelberg-Pfaffengrund, Am Heimgarten n.6, che fu impiegato nella nostra compagnia per 20 anni e il quale rimase nella compagnia quando fu acquisita dalle autorità tedesche (ci sono delle parole mancanti alla fine della pagina).

Brevemente, dopo l'invasione delle truppe tedesche nel marzo del 1939, quattro di loro apparvero nella nostra compagnia dicendo di essere della Gestapo. Ci era proibito entrare nella proprietà della nostra compagnia e di ritirare qualsiasi somma di denaro dai conti correnti della nostra compagnia. Poco dopo, Mr. Erwin

Hruschka, un nostro precedente impiegato venne istituito come direttore ad interim.

Nel frattempo, io e mia madre avevamo fatto domanda per visti americani. Per ottenere il permesso di andarcene dovevamo depositare ciascuno 200.000 corone (insieme 400.000 corone) all'ufficio delle tasse in Maehr.Ostrau come deposito di sicurezza per tassazioni future. In più, mia madre fu obbligata a trasferire tutti i suoi beni mobiliari, e non senza andare in bancarotta, alla Boehmische Escompte Banca e Unione di Credito di Praga per "gestione" secondo le regole dei beni non-ariani.

Una domenica mattina nel maggio 1939, fui avvisato da un conoscente che avevo nei quartier generali della polizia di Ostrauer di lasciare la città prima di lunedì per sfuggire al mio arresto imminente. Quello stesso pomeriggio andai a Praga e da lì a Londra, Inghilterra, dove arrivai nel giugno del 1939 senza nessun fondo finanziario. Dall'Inghilterra sono poi emigrato, nel febbraio 1941, negli Stati Uniti.

All'inizio, mia madre non volle lasciare la sua casa e il lavoro di una vita e rimase in Maehr Ostrau. Poco dopo la mia partenza mi scrisse da Firenze, Italia, che la Gestapo aveva chiesto di me e non trovandomi se ne erano andati minacciosi. Mia madre, che a quel punto temeva per la propria vita, approfittò dell'opportunità offerta dal rilascio di fondi di valuta italiana per viaggiatori e fuggì in Italia quello stesso luglio. Il mio tentativo di portare mia madre in Inghilterra fu distrutto con lo scoppio della guerra. Dopo l'entrata in guerra dell'Italia, ho scoperto attraverso la Svizzera che mia madre era stata internata in San Donato, Frosinone, Val di Comino. Non aveva nessun mezzo finanziario e viveva di piccole somme di denaro spedite da amici in Svizzera e Italia.

Dopo la mia emigrazione negli Stati Uniti nel 1941, ho spedito a mia madre qualsiasi somma riuscissi a risparmiare dal mio magro stipendio. I miei sforzi di portarla negli Stati Uniti fallirono di nuovo quando l'America entrò in guerra. Da quel momento in poi, ho ricevuto solo due messaggi (lettere?) attraverso la Croce Rossa e una lettera da un amico in Svizzera dicendo che mia madre viveva in miseria e chiedendomi di spedirle denaro attraverso di lui. Da quel momento in poi, non ho più ricevuto notizie su di lei. Dopo la guerra, ho scoperto che mia madre era stata deportata dalle autorità tedesche ad Auschwitz, dove perse la sua preziosa vita in una camera a gas.

Ho anche scoperto dopo la guerra che la nostra compagnia era stata venduta nel 1941 dalle autorità tedesche a un certo Mr. Paul Apelt per 803.655.45 corone, documentata in una copia di una lettera dall'amministratore distrettuale dell'alta corte in Maehr Ostrau. Nè io nè mia madre eravamo stati consultati o informati. Inoltre, nè io nè mia madre abbiamo mai ricevuto nessuna somma di denaro o altri patrimoni da questa vendita. La copia sigillata di questa lettera da parte del direttore distrettuale dell'alta corte mi venne spedita nel 1946 dal mio avvocato in Maehr Ostrau, Dr. Norbert Babad. Non ho mai ricevuto l'originale e quindi non posso provvedere una copia autenticata. Comunque sotto giuramento dichiaro che la copia sigillata del 1946 è la copia esatta della lettera originale che aveva ricevuto Dr. Norbert Babad.

Visto che mia sorella Grete Spitzer, nata Buchsbaum, e sua figlia Susie Spitzer morirono prima della morte di mia madre, sono stato riconosciuto come l'unico erede dall'amministrazione di Maehr Ostrau dopo la guerra.

Giurato e firmato da me - giorno di luglio 1963.

1996: Notifica di deportazione e di sterminio per la famiglia Spitzer, ottenuta dalla Croce Rossa Internazionale

FEDERACE ŽIDOVSKÝCH OBCI V ČESKÉ REPUBLICE

Maiselova 18
P.O.B. 297
110 01 Praha 1

V Praze dne

ÚSTŘEDNÍ KARTOTÉKA — TRANSPORTY:

r. č. 116600

S p i t z e r o v á Greta

Rodná data: 12.2.1907

Adresa před M. Ostrava Střelnice 24
deportací:

1. transport	2. transport
dne: 30. IX. 1942	dne: 5.10.1942
	číslo: Bt-918
Bm č. 583	do: † Treblinky

FEDERACE ŽIDOVSKÝCH OBCI
ČESKÉ REPUBLIKY
Praha 1, Maiselova

FEDERACE ŽIDOVSKÝCH OBCÍ V ČESKÉ REPUBLICE

Maiselova 18
P.O.B. 297
110 01 Praha 1

V Praze dne

ÚSTŘEDNÍ KARTOTÉKA — TRANSPORTY

R. č. 116615

Spitzerová Zuzana

Rodná data: 6.3.1931

Adresa před deportací: M.Ostrava Střelnice 24

1. transport
dne: 30. IX. 1942
Bm
č. 584

2. transport
dne: 5.10.1942
číslo: Bt-919
do: + Treblinky

FEDERACE ŽIDOVSKÝCH OBCÍ
V ČESKÉ REPUBLICE
110 01 Praha, Maiselova 18

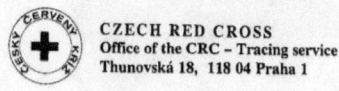

CZECH RED CROSS
Office of the CRC – Tracing service
Thunovská 18, 118 04 Praha 1

13 March 1997

American Red Cross
The Holocaust & War Victims
Tracing & Informat.Center
4700 Mount Hope Drive
Baltimore, Maryland 21215-3231
U.S.A.

YOUR REF. 188-H-22583
OUR REF. 128509/Hol
PRAGUE 13 March 1997

Re: SPITZER Hugo, Gretel, Susi

Inq.: Barbara Gilford

Dear Red Cross colleague:

Referring to your inquiry we would like to advise we have been able to ascertain only following information about the individuals:

SPITZER Hugo, born 22.4.1899, last known address: Moravská Ostrava, Střelnice 24, was deported 30.9.1942 to Terezin with the transport Bm - 582 and then 5.10.1942 to Treblinka with the transport Bt - 917.
With regard to SPITZEROVÁ Greta and Zuzana, we have the same information. Enclosed we are sending the verified copies of the record from the card-index of deported persons, which we received from the Jewish institution in Prague.

Yours sincerely

Ivana Holubová
Head of Tracing Service
CZECH RED CROSS

Encl.ment.

Telephone:
(42 2) 24510220
Fax:
(42 2)

Telegrams:
CROIX Praha

Telex:
122400 csrc c

2018: da sinistra a destra: Andrew Gilford, Barbara Gilford, Shari (la moglie di David) e David Gilford, i visita a San Donato

La generazione continua

2018: la nipote dell'autrice, Elia

Il nipote dell'autrice, Asher con sua moglie Debra e il padre Andrew

SULL'AUTRICE

Barbara Gilford. Foto di Lindsey Wilderotter

Barbara Gilford iniziò la sua carriera come un'educatrice ed in seguito lavorò presso una clinica pratica di psicoterapia per quasi venticinque anni prima di scrivere *Canzoni del Cuore - Memorie sull'Olocausto*. La sua laura MSW dalla Wurzweiler School of Social Work, Yeshiva University, ha formalizzato la missione di una vita intera per comprendere come le persone affrontano le loro vite. Il trauma, la perdita e la sofferenza nei suoi pazienti emerge nel suo profondo apprezzamento della forza e della resistenza propria della psiche e dello spirito umani.

L'autrice ha contribuito con più di duecento articoli sulla danza per la sezione apposita sul settimanale del New Jersey e del New York Times, vincendo due premi per il suo approccio giornalistico.

Barbara è una presentatrice acclamata che ha raccontato la storia della sua famiglia in licei e università, in un piccolo teatro di Broadway a New York, in una sinagoga e al Centro della Comunità Ebraica.

Oltre che scrivere, Barbara legge e si immerge in film, musica classica, balletti e teatro. Le piacciono musei d'arte, viaggi europei e la sua casa in Morris County, New Jersey.

RICONOSCIMENTI

Il mio mondo è pieno di persone che sono state anche parte di questa ed altre avventure nell'arco degli anni. Spesso si viaggia su strade parallele e a volte si incontrano in precisi tragitti. Mi sento fortunata ad aver viaggiato durante gli anni con le seguenti persone, a cui tengo molto e che voglio ringraziare di cuore.

Liesbeth Heenk, la mia editrice, è stato delizioso lavorare con te. Sei colei che mi disse miracolosamente "Si, pubblicherò il tuo libro." Mi hai provvista di supporto letterario e di una via per essere pubblicata e i tuoi sforzi per ottenere una traduzione in italiano hanno permesso alla mia storia di raggiungere ancor più persone.

Lorraine Ash, la mia editrice letteraria e coach, hai creduto nel mio libro fin dal primo capitolo e hai continuato ad affermare la mia scrittura. Ti estendo la mia più profonda gratitudine.

Kerstin White hai tradotto le lettere di mia nonna con grande rispetto e dedizione. Mi hai donato la voce e il cuore di mia nonna. La tua traduzione ha reso possibile la scrittura di questo libro e ha creato un'amicizia preziosa fra di noi.

David e Shari Gilford, mio figlio e nuora, mi avete assistita dall'India durante le crisi tecniche del computer con pazienza, generosità, tempo ed energie. Il vostro riscontro letterario è sempre stato sensibile e molto astuto. Sono piena di gratitudine per voi. *Canzoni del Cuore* è giunto a fruizione grazie a voi.

Mio figlio Andrew Gilford e sua moglie Debra Bufton mi hanno ascoltata, supportata, consigliata e confortata in ogni momento. Il più importante di tutti i vostri traguardi sono i due bellissimi bambini che avete avuto e cresciuto.

Angela West, candidata per un Ph.D. alla Drew University e Coordinatrice del Centro per lo studio dell'Olocausto/Genocidio, mi hai donato una conoscenza estensiva della storia aiutandomi a preparare il memoir per la pubblicazione. L'expertise di Angela sull'olocausto, il suo senso estetico e il suo apprezzamento per le sfumature del linguaggio e della scrittura l'hanno resa un'assistente senza pari.

Rachael Wolensky, un'editrice tecnica senza pari, mi hai fatto visita molti sabati per allineare il testo, inserire foto, scannerizzare documenti ed eliminare errori di spaziatura. Ti sono molto grata per la tua pazienza ed assistenza.

Robert Ready, Ph.D., Professore Emerito di Inglese e il principale insegnante di scrittura per la Jacqueline Berke Legacy Writing Workshops, per i Figli di Sopravvissuti all'Olocausto alla Drew University, Centro per gli studi sull'Olocausto/Genocidio, mi hai ispirata e fornita di molte informazioni. In ogni lezione hai creato opportunità per una profonda esplorazione dell'eredità dei partecipanti e, così facendo, guarigione.

Grace Cohen Grossmann e Fred Wasserman del United States Holocaust Memorial Museum hanno facilitato la mia donazione di tutto il materiale originale della famiglia Buchsbaum. Grazie per aver dato una casa negli archivi del museo e ai documenti della mia famiglia.

Offro il più profondo apprezzamento a queste speciali persone da San Donato Val di Comino, Italia: Delia Roffo che mia ha provveduto traduzioni simultanee durante la mia visita a San Donato. Non sarebbe stato possibile scrivere questo libro senza i tuoi sforzi prodigiosi. Il sindaco Enrico Pittiglio mi ha dato un caldo benvenuto, con regali e una colazione speciale. Luca Leone, storico di San Donato, mi ha donato importanti informazioni riguardo a mia nonna e il finale arresto da parte dei soldati tedeschi. Alfonsa Gaudiello ha conservato ricordi sulla mia Oma Clara per più di sett'anni e li ha poi condivisi con me con molto affetto. Mi stai molto a cuore.

Ai miei amici e colleghi scrittori Jeanne D'Haem e Eric Barr del Circolo di Scrittori del Tempio Sinai mando i miei ringraziamenti per i riscontri, la pazienza e il conforto che mi avete dato mentre scrivevo della mia famiglia e piangevo la loro perdita.

Non dimenticherò mai Michal e Libuše Salomonovič di Ostrava. Libuse è la co-autrice di Ostrava and Its Jews: Now No One Sings You Lullabies ed ha aiutato me e molti altri nel tracciare le vite delle nostre famiglie prima dello scoppio della guerra. Tristemente, Michal ha perso la sua battaglia contro il cancro nell'estate del 2019. Il loro figlio Radan continua a facilitare l'acquisizione di informazioni per molti discendenti degli ebrei di Ostrava.

Dr. Eva Vogel ha tradotto una ricerca liceale riguardo mia cugina Susi Spitzer dal ceco all'inglese e mi ha fornito nuove informazioni. Vorrei ringraziare Ludovica Gioacchini per le traduzioni in Italiano.

Hana Sustkova, Ph.D., direttrice of Vítkovice, Jsc, Company Archive e ricercatrice al Centro per Economia e Storia Sociale dell'Università di Ostrava e co-autrice di *Ostrava and Its Jews: Now No One Sings You Lullabies*, ha offerto nuove informazioni e correzioni una volta letto il mio manoscritto. Ha anche tradotto informazioni riguardanti la faglia Buchsbaum.

David Lawson, Ph.D., co-autore di Ostrava and Its Jews: Now No One Sings You Lullabies, mi ha fornito molti feedback e informazioni.

La mia profonda gratitudine va anche a Marion Wiesel per avermi dato il permesso di usare la citazione da Elie Wiesel che cattura perfettamente le tematiche del mio libro. Il mio apprezzamento si estende anche a Olivia Crvaric, Project Manager dell'Elie Wiesel Foundation, che ha facilitato la mia richiesta e l'acquisizione del permesso da parte di Mrs. Wiesel.

La mia gratitudine non potrà mai pareggiare il dono dell'amicizia dei miei amici, alcuni dei quali sono anche scrittori. Mi hanno incoraggiata e supportata durante questo viaggio e durante la mia vita. Marianne Avery; Eve Baruch; il mio caro cugino Paul Bellet; Jean Bohn; Lucy Castles; Carolyn DeCastro; Mimi Eddleman; Tilly-Jo Emerson; Diane Finch; Donna Clair Gasiewicz; Brigitte Heffernan; Donna Kahn; Sara Kushnir;

Maureen Kennedy; Helen Lippman; Joan MacCoy; Susan Mimnaugh; Michelle Mongey; Regie Buchsbaum Roth; Mim Smith; Susan Skovronek; Barbara Shalit; Barbara Hicks Shapiro; Sue Soriano; Ida Welsh. Grazie per la vostra presenza costante durante la mia vita. Mi avete sostenuta e continueremo le nostre conversazioni anche in futuro.

Per finire, Ann Buchsbaum che prese un Kindertransport da Vienna all'Olanda e non si è più fermata. Mi hai ispirata e incoraggiata fin da quando avevo quindici anni e a un certo punto mi dicesti: "Non è forse il momento che tu scriva un libro?" Il tuo amore e la tua amicizia hanno contribuito significativamente alla persona che sono oggi.

Per mia madre, Eleanor, mi hai amata fino alla fine della tua stessa vita come nessun altro e hai sempre e solo desiderato la mia felicità. Il tuo desiderio si è avverato.

www.ingramcontent.com/pod-product-compliance
Lightning Source LLC
LaVergne TN
LVHW041841070526
838199LV00045BA/1381